길에서
그리운
이름을
부르다

이 시대가 지나면 잊혀질 이야기

길에서 그리운 이름을 부르다

글 · 사진 문근식

우리글

글쓴이의 말

문득문득 돌아보는 길 위에 남아 있는 시간이 쓸쓸하지만 그 쓸쓸함의 여운으로 지천명을 버틴다.

이 시대가 지나면 잊히고 말 것들, 가슴 깊숙이 자리 잡고 있음에도 선불리 꺼내놓지 못했던 이야기들. 너무 멀리 떠나왔지만 그래도 추억으로 남아 있는 소중한 것들의 이름을 불러본다.

아득한 이야기를 찾아 옛 길을 혼자 걷던 3년의 시간, 가슴을 밀고 올라오는 그 무엇에 가슴 먹먹해지던 순간, 셔터를 누를 때마다 한 발씩 유년의 기억 속으로 빠져들던 행복한 일들이 내게 또 하나의 작은 그리움으로 남았다.

기억의 조각에도 미치지 못하는 이 짧은 이야기가 우리들의 아버지와 어머니, 형제와 동무들이 어떻게 이 시대를 살아왔는지 세상 가장자리에서 지워져 가는 추억을 되살리며, 더 많은 사람들이 자신의 삶을 돌아볼 여유와 그 여운으로 또 며칠 세상을 버틸 의미를 찾는다면 그것으로 만족이다.

'속삭임' 이라는 꼭지로 세 해 동안이나 지면을 내어주신 월간《삶과 꿈》대표 김용원님, 글을 쓸 수 있도록 도와주신 조영서 선생님, 최준 시인, 책의 제목을 정해 주신 최승호 시인과 책을 펴내주신 우리글 출판사에 감사의 말씀을 드린다.

끝으로 생활의 어려움에도 묵묵히 지켜봐 준 아내와 아이들, 내게 이 아름다운 추억과 그리움의 기억을 있게 해 준 병석에 계신 아버지 어머니, 자주 못 만나지만 모든 행복과 불행을 함께 나누며 자란 누나 형 동생들과 사연 많은 유년을 같이 지낸 동네 친구들에게 사랑한다는 말과 함께 이 책을 바친다.

2010년 10월

문근식

목 차

Ⅱ 물소리로 야윈 누이

Ⅲ 밤동과 헛기침

Ⅳ 낮꿈 속의 뻐꾸기

I

반딧불이 없는 동구

보릿고개가 그리운 이유는 무엇일까?

슬픔이든 기쁨이든 추억은 그리워서 좋다.

아픔도 고통도 지나고 나면 다 그리워지는 거다.

보릿고개를 오르시던 어머니의 발걸음이

보리피리 소리보다 가벼운 것도 다 그리움 때문이다.

돌돌… 어처구니를 잡았다

맷돌

깜박 잠이 들었을까. 달달달 맷돌 돌아가는 소리에 잠을 깼다. 아침나절 물에 담가둔 메밀을 어머니가 갈고 계셨다.

쏟아지는 잠을 겨우 털고 일어나 앉아 맷돌 손잡이를 잡았다. 커다란 대야에는 불어난 메밀이 가득했다.

도저히 줄어들 것 같지 않던 메밀이 서너 시간의 고통을 견디고서야 어머니의 마지막 숟가락을 떠났다.

"팔 아프지?"

어머니의 짧은 말 한마디가 하얀 메밀의 속살이 힘겹게 돌아가는 맷돌 가장자리를 슬프게 흘러내렸다.

지금처럼 간식거리가 없었던 시절 우리 6남매에게 부침개며 순두부, 그리고 갖가지 간식거리에 제공해주던 맷돌이었다.

시큼한 김치를 쭉쭉 찢어 얹은 메밀부침개가 빨리 익기를 기다리며 우리는 젓가락을 들고 어머니 주위에 둘러앉았다.

“첫 소댕이 먹으면 머리 나빠진다. 얼른 할아버지 갖다 드려라.”

늘 첫 번째 부침개는 할아버지 몫이었다. 먼저 어른부터 드려야 한다는 무언의 교육이었음을 알게 되었을 때는 그런 행동이 몸에 밴 이후였다.

지금 첫 소댕이를 앞에 놓고 마주앉은 아내에게 자꾸 눈길이 간다. 아내는 무슨 생각에 잠겨 있을까?

중학교 1학년 무렵이었던 것으로 기억난다. 저녁 무렵 어머니와 팔씨름을 한 적이 있었다. 두세 번 연거푸 지면서 어머니의 든든한 울타리를 확인하던 날, 한참을 지나 그 울타리가 땀과 고통으로 엮어졌다는 걸 알게 된 날, 이미 어머니는 세상의 울타리 밖에 서 계셨다, 그리고 어머니의 맷돌은 다시는 돌아가지 않았다.

그리움은 늘 한가한 시간에 찾아온다. 그때마다 아내에게 부침개를 부탁해 보지만 어머니의 손맛은 아니다. 고통과 이야기 그리고 땀방울이 뒤섞여 빚어내는, 이 세상 누구도 재현할 수 없는 그 맛. 지금 내가 느끼는 그리움의 맛이다.

아내가 만들어준 부침개를 배불리 먹고 잠시 눈을 붙였을까? 마루에서 맷돌을 돌리던 어머니 모습이 실루엣처럼 낮잠 속을 지나간다.

골동품 가게 앞을 지나다 아무렇게나 놓여 있는 맷돌을 발견했다. 어머니 생각이 난다. 할 일이 아직 많은데 못다 한 이야기 아직 많은데 세상 저 건너편에 서 계신….

어처구니를 잡았다. 그때 맷돌을 돌리며 나누었던 이야기들이 새록새록 기억 속에서 재생된다. 앞마당 감나무에서 참매미가 울어댄다.

"근식아, 팔 아프지?"

그 짧은 한마디가 아득한 시간의 도화선을 건너와 귓전에 이명처럼 남는다.

보리피리 불며 넘던

보릿고개

세상이 텅 비었다. 이 큰 도시를 나 홀로 지키고 있는 건지 겹겹이 에워싼 고독이 목까지 차올랐다. 텔레비전을 보다가 한동안 잊었던 친구와 통화를 하다가 칠팔십 년대의 팝을 듣는다. 휴일 오후의 고독은 늘 그리움을 동반한다.

하릴없이 집안을 이리저리 뒹굴다가 무심코 커튼을 걷었다. 한꺼번에 시신경을 통해 쏟아져 들어오는 햇빛, 그 미세한 입자들이 온몸에 퍼진다.

문득 작년 겨울에 보아둔 보리밭이 생각났다. 서둘러 카메라를 챙겨 현관문을 나섰다. 또 그리움 쪽으로 역마살이 뻗친 게다.

한 시간을 넘게 달려서 보리밭에 도착했다. 이삭이 노릇노릇 익어가기 시작했다. 셔터를 마구 눌러댔다. 카메라에는 풍경이 하나 둘 추억으로 저장되고 그리움은 새록새록 가슴에서 현상 되고 있었다.

해마다 보릿고개를 넘으면서도 그것이 보릿고개인 줄 모르던 시절이 있었다. 어머니의 한숨이 유난히도 길었던, 들숨 날숨에도 늘 한숨이 섞여 있던 어머니의 저녁처럼 아직 여물지 않은 보리 이삭들이 흔들리며 내는 소리가 들린다. 그속에 그 긴 보릿고개를 넘던 어머니의 발소리가 숨어 있는 것은 내 기억에 잊히지 않는 가난한 날의 그리움이 남아있는 탓일게다.

보리를 꺾어 피리를 만들었다. 있는 힘껏 불어보았지만 소리가 나지 않는다. 어머니의 보릿고개만큼이나 길었던 피리 소리는 어디쯤에서 멈추었을까.

불다가 불다가 지쳐 쓰러져 잠이 든 밤 꿈결에 들리던 피리 소리. 이제 빛바랜 흑백사진 속의 희미한 기억처럼 몇 평 안 되는 보리밭이 애처롭다.

문득 양대를 숭숭 집어넣고 넓적하게 만들어 한 끼 배를 채우던 보리

개떡이 먹고 싶다. 한여름 샘에서 갓 길어 온 물에 말아 먹던 보리밥, 그리고 상추에 된장을 듬뿍 발라 한입 가득 쌈을 싸 먹던 그 보리밥 맛이 그리워진다.

밤이 깊어가도록 반딧불이처럼 온 동네를 떠돌아다니던 보리피리 소리… 그 소리가 여름 낮 잠과 잠 사이를 배회한다.

보릿고개가 그리운 이유는 무엇일까?

슬픔이든 기쁨이든 추억은 그리워서 좋다. 아픔도 고통도 지나고 나면 다 그리워지는 거다. 보릿고개를 오르시던 어머니의 발걸음이 보리피리 소리보다 가벼운 것도 다 그리움 때문이다.

깡총깡총 물 건너는 토끼들

징검다리

"얘야, 빨리 일어나 학교 가야지."

여느 날보다 서두르시는 아버지 목소리에 반쯤 감긴 눈을 떴다. 굵은 빗줄기 쏟아지는 소리가 요란하다.

"앞 도랑이 넘치겠다. 얼른 서둘러라."

집 앞에는 그리 넓지 않은 도랑이 흐르고 그곳에 아버지께서 손수 놓으신 돌다리가 놓여 있었다. 기껏해야 열 개 안팎의 좁은 냇물에 놓인 징검다리. 조금만 비가 와도 묻히거나 떠내려가기 일쑤였다.

그때마다 아버지는 우릴 업어서 도랑 건너편에 내려놓았다. 학교에서 돌아올 시간이면 하던 일을 멈추시고 그곳에서 우리를 기다리고 계셨다.

장마가 지면 집에서 마을로 마을에서 집으로 오갈 수 있는 유일한 통로는 또 하나의 돌다리인 아버지의 등뿐이었다.

"떨어질라. 단단히 붙잡아라!"

나는 등에 착 달라붙어 아버지의 다리를 휘감은 채, 흘러가는 벌건 물길을 두려움에 바라보곤 했다. 잠시 이마의 땀을 훔치고는 서슴없이 거센 물결이 삼켜버린 징검다리를 더듬어 건너가시던 아버지의 뒷모습. 그 따스하고 넓은 아버지의 등이 늘 그리움의 언저리에서 떠나지 않는다.

지금 내가 소용돌이치는 시대의 물살에 몸을 지탱하고여 한 발 한 발 시간의 강을 건널 수 있는 것도 그때 그 징검다리를 건네주시던 아버지의 등에서 느껴지던 온기가, 앞 도랑에 놓아준 아버지의 징검다리가 떠내려가지 않고 마음의 징검다리로 남아 있기 때문이다.

얼마 후 징검다리 위에 콘크리트로 된 튼튼한 다리가 생기고 우리는

장마 거정하지 않고 냇물을 선너다닐 수 있게 되었다. 그러나 좀처럼 징검다리가 기억에서 지워지지 않는 것은 돌다리마다 남아 있는 아버지에 대한 막막한 그리움 덕분인 것 같다.

문학 모임을 끝내고 진천에 있는 농다리를 찾았다. 뭐가 즐거운지 깔깔거리며 다리를 건너는 아이들을 앵글에 담았다.

저 아이들도 머지않아 이곳을 찾아와 아버지의 따스한 등을 기억하고 그리워할까? 그저 재미삼아 다리의 이쪽저쪽을 오가는 저 아이들도 지천명 세월의 물살을 견디고 나면 돌다리가 간직한 슬픈 사연 몇 개쯤은 느낄 수 있을까?

"아저씨, 우리 텔레비전에 나와요?"

"아니, 책에 나올 거야."

추억도 아찔한

참외서리

"야, 숯검댕이 가져 왔지?"

"어…."

"그럼 빨리 얼굴에 발라. 들키면 죽음이다."

원식이네 참외 서리 계획이 잡힌 날이다.

먼저 낮에 모여 장소를 선택한 다음, 도당에 끌어들인 참외밭 아들 원식이가 밭의 상황을 알려주면, 밤에 다시 모인 친구들은 얼굴에 숯가루를 바르고 살금살금 참외밭을 향해 낮은 포복으로 기어간다.

서리는 반드시 야음을 틈타 해야 한다. 달 없는 칠흑이면 더할 나위 없다. 손전등도 쓸 수 없으니, 봉사 문고리 잡는 식으로 더듬어 만져지는 참외의 크기와 촉각만으로 따는 거다.

작전이 끝나고 다들 한자리에 모여 노획물 중 익지 않은 건 골라내어 땅에 묻고 잘 익은 것만 골라 먹었다. 새벽 한 시. 완전범죄를 꿈꾸며 잠자리에 들지만, 원식이 아빠는 우리 머리 꼭대기에 있었다.

"빨리 말 안 해? 이눔아."

"난 안 그랬어요. 아부지…."

원식이 아버지는 늘 그쯤에서 추궁을 끝냈다. 그럴 때마다 우리는 완전범죄라도 저지른 양 의기양양했다. 그러면서 다음에 할 또 다른 서리 대상을 물색하고는 기회를 엿보곤 했다.

서리 해 먹는 참외는 기차게 맛있었다. 마음만 먹으면 원식이네 집에 가서 잘 익은 참외 몇 개는 쉽게 얻어먹을 수 있었지만 그건 재미없는 일이었다. 아찔한 스릴과 서스펜스가 없었기 때문이다.

서리를 해 보지 않은 사람은 알 수 없다. 무장공비처럼 동네 야산에서 모기떼에 시달리면서 손전등 하나 밝혀놓고 둘러앉아 먹는 그 참외의 짜릿한 맛을.

참외 서리의 기억을 내내 안고 살았을 원식이 아버지는 오래전에 돌아가시고, 이제 또다시 참외 철이다.

길거리나 과일가게 좌판에 쌓인 노란 참외들을 볼 때마다 나는 어둠 속에 서 있던 원두막을 떠올린다. 한여름의 늦은 어둠이 자꾸만 그리움의 가장자리로 나를 끌고 간다.

괜스레 미안해진다. 아득한 저쪽의 추억에게, 소식을 알 수 없는 원식이에게.

굵은 빗물이 처마를 타고 떨어지는 날이면 난 또 한 번 함께 참외 서리를 감행했던 용감무쌍한 어린 전우(?)들의 웃음소리를 들을 수 있을 거다.

차를 세우고, 길가 가게에서 아이들에게 줄 참외 몇 개를 사서 검은 비닐봉지에 담는다. 길 저쪽, 환하게 켜진 전깃불에 비치는 참외밭에 둘러쳐진 철조망의 침묵이 장마철의 저기압처럼 무겁다.

이제 알 것도 같다. 원식이 아버지의 마음을, 원두막을 힐끔거리며 지나가는 나에게 잘 익은 참외 한 개 건네주시며 웃던 그 웃음의 의미를….

개울 물소리를 건져 올리다

천렵

낯설다. 오랜 시간 단 한 번도 같은 모습을 보여주지 않으니, 매일 맞는 아침은 그래서 늘 새롭다.

소풍을 앞두고 잠을 설치던 어린 시절, 기억속의 그날처럼 잠을 설쳤다. 참 오랜만에 떠나는 천렵이다. 평소 가깝게 지내는 몇몇과 족대를 싣고 시골로 향했다.

마치 몇 십 년 전의 시절로 돌아간 듯 들뜬 마음을 억제하며 도착한 고향, 일단 반바지로 갈아입고 머리에는 커다란 밀짚모자를 쓰고 각기 족대와 지렛대 그리고 잡은 고기를 담아올 통을 들고 개울로 향했다.

나는 족대를 커다란 바위 둘레에 대고 친구는 지렛대를 돌 틈에 끼워 큰 바위를 마구 흔들어댔다. 족대를 들어 올리자 파닥거리는 물고기, 쉬리 동자개 퉁가리 꺽지 미꾸리….

비린내가 콧속을 파고든다. 종아리를 따라 올라오는 냇물의 차가움이 비린내와 어울려 가슴 한 켠 파도가 인다. 쉴 새 없이 흐르는 물소리가 생각의 시간을 30년 이전으로 돌려놓는다.

오랫동안 꺼내보지 못한 긴 파장의 그리움이 밀려온다. 가슴 한구석에 몰래 자리를 잡은 나를 가끔 슬프게 했던 추억이 이것이었을까?

순식간에 한 사발의 물고기를 잡았다. 옹기종기 물가에 둘러앉아 잡고 물고기의 비늘을 벗긴 다음 커다란 냄비에 넣고 푹 삶아 뼈를 발라낸 후 감자와 풋고추 그리고 갖은 양념을 넣어 끓인 어죽에 곁들인 소주 한 잔, 일품이다.

술기운이 더할수록 오래전 방천을 골라 빙 둘러 물길을 막고 대야로 물을 퍼 그 안에 있는 물고기를 잡던 친구들…. 보고 싶다. 그때 대병 소주 몇 병을 뚝딱 해치우게 했던 어죽과 라면 맛을 잊을 수가 없다.

한 병 두 병 잔을 비우는 사이 고기비늘을 벗기려고 막아놓은 돌 아래

쪽에 모래가 쌓였다.

옹기종기 서로 머리를 맞대고 깔깔거리던 아이들…. 그때 그 친구들은 그리고 나는 어디까지 느린 물살에 떠밀려와 한 줌 목새가 되어 작은 돌 틈에 쌓여 있는 걸까.

목새 한 움큼 움켜쥔다. 30년 저 너머 아이들 웃음소리가 난다. 때로는 그리움도 낯선 것인가? 돌아오는 주말에는 천렵을 준비해야겠다. 어죽에 소주잔을 기울이다 문득 바라보는 발갛게 익은 아이의 얼굴이 조금은 낯설기도 하겠다.

어린 땅 투기꾼, 마당은 내 꺼

땅따먹기

손이 작은 게 늘 불만이었다. 누이가 한 뼘의 땅을 따먹을 때 나는 두 번을 재야 누이만큼의 땅을 겨우 차지할 수 있었다. 악착같이 손가락을 펴 원을 그려보지만 거의 모든 땅이 누이에게로 넘어가고 내 땅은 결국 손바닥 크기밖에 남지 않는다.

어머니가 종종걸음으로 뒷산을 내려오시고 어둠이 성큼 봉당을 올라설 때에야 누이와의 땅따먹기 놀이는 끝이 나곤 했다.

한여름 마당 가장자리에 서 있는 커다란 감나무 그늘 아래 털썩 주저앉아 땅따먹기를 하듯 내 유년은 늘 누이의 그늘 아래 있었다. 도저히 엄두 낼 수 없었던 누이의 손이 그려놓은 커다란 그늘이 바로 내 유년의 땅이었다. 누이와 한 공기놀이든 고누든 고무줄놀이든 단 한 번도 이기지 못했지만 누이의 땅은 늘 내 것이었다.

더 커다란 동그라미를 그리려고 안간힘을 쓰는 아이를 보다가 문득 누이의 손이 생각난다. 어둠 속으로 머리에 인 바구니를 내려놓는 어머니의 숨소리가 들린다.

찰깍 찰깍 셔터를 누를 때마다 단 한 번도 사랑한다, 고맙다 말하지 못한 아쉬움이 가슴에 선명히 찍힌다. 마음 속 어둠이 점점 짙어진다.

지천명의 세월을 넘어 누이와 같이 땅따먹기를 하던 마당. 그 위에 수없이 긋고 지웠던 금. 밤마다 짓고 부수던 넓은 기와집은 그리움 어디쯤에 남아 있을까?

그때 누이가 그어놓은 경계, 누이의 땅에는 개망초 꽃이 수십 번 피었다 졌을까?

오랜만에 유년의 시골집 마당에 서 있다. 나와 베란다 그리고 나무들 사이로 어둠이 채워진다. 그때 누이와 나 사이를 채우던 아쉬움 같은 어둠. 몇 번의 어둠이 그렇게 왔다 가는 동안 어느새 지천명의 중턱을 훌쩍 뛰어넘은 시간.

누이의 손등에 생기기 시작한 검버섯처럼 가슴에 아프게 그리움이 채워진다. 감나무 그늘을 찾아 앉는다. 사방에서 감꽃 향이 난다.

전화가 왔다.

"어… 누나야? 나 지금 누나 땅에 와 있어."

"애는… 느닷없이 그게 무슨 소리야?"

눈물 없이 볼 수 없는

가설극장

아직은 떠나지 않은 사랑처럼 서먹서먹한 어둠이 내린 주점 '탁사발'에서 빈대떡 한 소댕이와 막걸리 한 되를 시켰다. 아주 오래된 선거 벽보와 영화 포스터 그리고 변함없이 어수선한 주인아줌마…. 낯익은 풍경이지만 오늘은 자꾸 영화 포스터에 눈길이 간다. 눈길이 갈 때마다 생각나는 것이 있다.

"눈물 없이는 볼 수 없는 영화, 미워도 다시 한 번…."

확성기 소리와 함께 1년에 두어 번 찾아오는 가설극장이다. 영화관에서 상영을 끝낸 낡은 필름이라 화면은 비가 오는 것처럼 번쩍거렸고 소리는 잘 잡히지 않는 라디오처럼 찌지직거렸다.

보통 두 시간 정도 되는 분량의 영화는 군데군데 끊어져 한 시간 정도의 상영으로 끝나기가 일쑤였고, 그마저 상영 도중 두세 번은 끊기는 게 보통이었다.

그때마다 우리는 하늘에 대고 소리를 쳤다.

"우~~~돈 내놔라. 돈 내놔."

잠시 후 영사기가 다시 돌아가고 우리는 곧 영화에 빠져들었다. 지금 같으면 어림없는 일이지만 그것이 일상처럼 가벼울 때가 있었다. 그래서 그런지 1년에 두어 편씩 영화를 보았지만 한 편도 그 내용이 생각나지 않는다. 다만, 그때 천막 안에서 쳐다보던 하늘에 뜬 별들 그리고 삶에 무단으로 끼어든 슬픔처럼 화면 중간 중간으로 끼어든 잡음이 귓전에 남아 있을 뿐이다.

자꾸 쳐다보아지는 눈앞의 포스터가 그때 끊긴 영화처럼 정지해 있다. 사방에서 사람들이 아우성치는 소리가 들린다. 막걸리를 한 모금 마셨다. 마음의 필름이 다시 돌기 시작한다. 몰래 천막 안으로 들어가다 걸린 길수.

"이번이 마지막이다."

못이기는 척 들여보내 주던 문지기 아저씨의 우락부락한 얼굴이 그리

움의 가장자리를 잡음처럼 지나간다.

생각해보면 빛과 어둠의 경계는 선잠에 꾸는 꿈처럼 모호하다. 그래서 그리움은 늘 어둠과 빛이 반반씩 섞여 있는 저녁 무렵에 찾아온다. 오늘도 포스터 안에 숨어 있는 추억 하나를 발견했다. 이제는 사라져 볼 수 없는, 그래서 더 안타까운 것을 찾아 카메라를 둘러메고 또 발걸음을 옮긴다.

몰래 쳐다보는 하늘의 별들이 그리움만큼이나 멀다.

달그락 달그락 배고픈 도시락

책보

비는 늘 예고 없이 내렸다. 아침부터 비가 오는 날이면 우산이라도 준비하지만 오후에 내리는 비는 속수무책이었다. 먼저 책보를 펴고 한 귀퉁이에 책을 그리고 그 위에 도시락과 필통을 얹어 둘둘 말고 끝자락에 옷핀을 꽂아 풀어지지 않도록 한 다음 양쪽 끝을 잡고 어깨에 대각선으로 묶으면 등교 준비는 끝이다.

하지만 갑자기 비가 내리면 옷이고 책이고 모두 젖어버린다. 어디서 비료부대라도 만나면 땡이다. 책보를 돌돌 감아 물이 들어가지 않도록 하고 10리 길을 뛰다 걷다를 반복하다가 집에 도착하면 일단 책보를 풀고 젖은 책들을 꺼내 마루에 펼쳐놓은 다음 마루에 걸터앉으면 쏟아지는 빗소리에도 끊어지지 않은 단단한 고리의 고요가 앞산 제비봉에 먹구름보다 무겁게 내려앉는다. 한참을 그렇게 앉아 빗줄기가 만든 물방울을 세다가 잠이 들었다.

베란다에 서서 빗소리를 듣고 있다. 주말 오후 갑자기 내리는 빗줄기가 제법 거세다. 유리창에 부딪히고, 더러는 은행나무 이파리에 내려앉은 빗방울은 이미 갈 길을 정한 듯 잠시도 주저하지 않고 흘러간다. 갈라지고 합치고 또 갈라지는 저 빗물. 얼마를 더 흘러야 바다에 닿을 수 있을까? 눈을 돌려도 자꾸 따라오는 빗소리가 지난 시간 속으로 등을 민다.

빗물이 유리창에 만든 무늬 너머로 집으로 돌아가는 아이들의 모습이 보인다. 커다란 우산에 색색 장화를 신은 아이들의 등에는 예쁜 책가방이 매달려 있다. 산성비에 온몸을 꼭꼭 숨긴 아이들은 등줄기를 타고 흐르는 빗물의 간지러움을 알 수 없을 거다. 처마에 쪼그리고 앉아 듣던 굵은 빗줄기의 속삭임을 듣지 못할 거다. 어깨에 매달린 책보에서 달각거리던 빈 도시락 소리. 그 박자에 맞추어 달리던 어린 시절의 이야기를 이해할 수 없을 거다.

책장을 넘긴다. 갈피마다 빗소리가 들어 있다. 지천명을 넘어온 도시락 소리가 책장 너머에서 들린다.

Ⅱ 물소리로 야윈 누이

돌담 위로 늦은 잠자리 떼가 날아다니고,

참새가 서둘러 둥지를 찾아 지붕 속으로 들어갔다.

초저녁 굴뚝에서 저녁연기가 오르고,

오래 잊었던 어머니의 목소리가 들린다.

아직 지워지지 않은 그루터기 나이테에서 하나 둘

재생되는 유년이 어두워질수록 점점 더 선명해진다.

눈을 뜨면 세상은 또 타인처럼 낯설다.

뻥이요~ 뻥!

튀밥

그리움은 늘 혼자다. 그래서 쓸쓸하다.

한동안 잊고 지냈던 베란다의 난이 꽃을 피웠다. 무관심 속에서도 난이 꽃을 피우듯 때때로 나를 소름 돋게 하는 그리움도 세상의 관심 밖에 있다는 걸 안다. 고갈되어가는 내 미래의 잔해처럼 지상에 낙엽이 쌓인다. 밟고 지나갈 때마다 꿈틀대며 몸을 일으키는 생각과 생각들, 코트 깃을 세우고 주머니 깊숙이 손을 넣는다. 바람이 자꾸 기억의 등을 민다.

지천명, 떨어져 어지럽게 뒹구는 낙엽 같은 생각들을 차곡차곡 갈무리하고 한 장 한 장 마음의 책장을 넘겨본다. 한 번도 생각나지 않았던 일들이, 생각날 듯 기억의 공간을 맴돌던 일들이, 영원히 지워진 줄 알았던 기억들이 드문드문 낡은 책갈피에 끼워진다. 삶이 과거의 영역을 늘려가듯 기억의 책장이 두꺼워진다.

풍년 쌀 상회
쌀
쌀
562-1284

그리움은 원한다고 해서 닿을 수 있는 것은 아니다. 어느 날 이유 없이 쓸쓸해지거나 슬퍼지는 것은 그리움 때문이다. 그래서 삶의 뿌리가 슬픔이고, 슬픔 또한 삶에 기대어 있는지도 모른다. 저마다 삶이 다르듯 그리움에 닿는 방법도 다르다. 말하자면 가서 닿는 것이 아니라 불청객처럼 불쑥 찾아오는, 도무지 거절할 수 없는 그런 손님이다.

몇십 년 시간을 넘어 아직도 나를 찾아오는 손님이 있다. 많이 낯설어졌지만 그래도 퍼즐 조각처럼 기억이 남아 있는 장터, 오일장은 내 그리움의 70퍼센트다. 서둘러 점심을 먹고 장터로 향했다. 버스가 다니던 길 중간으로 늘어선 가판들. 어깨와 어깨, 생각과 생각이 부딪치며 내는 소리가 요란하다.

떡볶이, 순대, 뻥튀기, 어지러운 듯하면서도 잘 정돈된 옷가지들 그리고 서로 부딪치며 사라지는 사람들, 말과 말들이 뒤섞여 빚어내는 무질서, 이 어수선한 질서에서 느끼는 익숙함.

오늘도 박산을 튀기는 아저씨는 장터 변두리에 자리를 잡고 있다. 소리가 커 손님들이 놀라지 않게 하려는 배려겠지만 그보다는 늘 삶의 중심을 벗어나 오지 마을을 돌아다니던 가난한 역마살의 유전자가 아직 사라지지 않고 남아 있기 때문은 아닐까?

"야! 박산 아저씨다."

소식통 길수의 말이 끝나기 무섭게 탈탈거리는 손수레를 끌고 박산 아저씨가 마을 어귀를 들어섰다. 아이들은 아저씨를 중심으로 빙 둘러앉아 턱 괴고 아저씨의 손이 멈추기만을 기다렸다. 기계에 달린 온도 게이지를 확인하는 횟수가 잦아질수록 긴장은 더해갔다.

드디어 아저씨의 손이 멈추고 기다란 망을 기계에 연결했다. 아이들은 두려움에 귀를 막았지만 두 눈은 동그랗게 뜨고 아저씨의 손동작에서 눈을 떼지 않았다.

"뻥 이요~".

희미하게 들려오는 아저씨의 외침과 동시에 뭉게뭉게 수증기가 오르고 망을 벗어난 박산이 여기저기 마당에 흩어졌다. 아이들은 흩어진 박산 한 알이라도 더 주우려고 이리 뛰고 저리 뛰고 난리였다.

주운 박산을 후후 불어 묻어 있는 흙을 털어내고 입에 넣는 그때 그 튀밥의 맛. 지금의 어느 주전부리가 그보다 더 달콤하고 고소할 수 있을까?

장터 주전부리가 박산만 있는 것은 아니지만 그중에서 가장 많은 사연을 간직한 것이 박산이다. 딱히 마을에 가게가 없어 고구마나 감자를 구워 먹거나 무의 파란 부분을 깎아 먹는 게 주전부리의 전부였던 시절 우리에게 있어서 박산은 최고의 간식이었다.

부지런히 손을 움직이는 나이 50 전후의 튀밥장수를 바라보고 있다. 기계가 회전을 더할수록 내 생각들은 점점 뒷걸음질을 친다. 이 어지러운 생각의 종점은 어디인지 알 수가 없다.

구수한 냄새의 근원을 쫓아가 보면 한동안 잊고 살았던 기억의 퍼즐 한 조각 찾을 수 있을는지?

아랫목에 깔아놓은 솜이불에 다리를 넣고 갓 튀겨온 박산을 한 바가지 담아 놓고 시간가는 줄 모르고 재잘대던, 그것만으로도 즐거웠던 기억들이 자꾸 생각의 발목을 잡는다.

포장마차에서 풀빵 한 봉지를 샀다. 손끝에 따스함이 전해진다. 몇 번을 불어 입에 넣어보지만 그때 그 풀빵 맛은 아니다.

그리움은 확인하는 것이 아니라 간직하는 것이다. 세상은, 우리의 입맛은 바뀌었지만 결코 그리움은 변하지 않는다.

피자 한 판을 사 가야겠다. 따스한 이 피자 한 판이 아이들에게는 어떤 맛으로 남을까? 내가 튀밥의 냄새만으로도 그리움의 중심에 닿을 수 있듯이 훗날 피자의 냄새만으로도 아이들은 저만의 그리움에 닿을 수 있겠지.

등 뒤에서 튀밥 기계가 돌아가고 있다. 그때 구경하던 아이들은 모두 어디로 갔을까? 점점 뒷걸음치는 생각을 좇아 모두 그리움의 어디쯤 닿아 있을까? 몇십 년 세월을 건너 기억의 모퉁이에서 기계가 돌아가고 있다. 달. 달. 달.

대추나무 그늘에 숨긴 유년

장독대

잠긴 대문을 열었다. 낯설다. 그도 그럴 것이 내가 어린 시절을 보냈던 예전의 모습은 찾아볼 수 없다. 반듯반듯한 벽과 지붕 그리고 돌로 만들어진 계단, 굳게 잠긴 대문….

어둑어둑 살어둠이 깔리기 시작하는 저녁, 나무 등걸에 앉아 몇 번이고 눈앞에 펼쳐진 풍경을 지웠다. 그리고는 지푸라기 성성 튀어나온 흙벽과 낮은 돌담을 그곳에 쌓았다.

돌담 위로 늦은 잠자리 떼가 날아다니고, 참새가 서둘러 둥지를 찾아 지붕 속으로 들어갔다. 초저녁 굴뚝에서 저녁연기가 오르고, 오래 잊었던 어머니의 목소리가 들린다. 아직 지워지지 않은 그루터기 나이테에서 하나 둘 재생되는 유년이 어두워질수록 점점 더 선명해진다.

눈을 뜨면 세상은 또 타인처럼 낯설다.

하지만 오랜 세월에도 변하지 않은 것이 있다. 늘 기억의 변두리에 덩그마니 앉아 있는 장독대다. 딱히 그리움의 중심에 있지는 않지만 점점 추억의 분량을 부풀려 온 내 키보다도 높았던 장단지.

"얘야, 장독 좀 덮어라."

뒷동산 밭에서 들리는 어머니 목소리에 한달음에 뛰어가 뚜껑을 덮던 일. 그때마다 물씬 풍겨오던 된장, 간장 냄새….

좀 더 어둠이 깊어지고 나서야 엉덩이를 털었다. 장독대에서 된장독을 찾아 뚜껑을 열고 준비해 간 통에 옮겨 담았다. 된장냄새가 물씬 코끝에 전해진다. 매서운 더위와 혹한기를 수없이 견딘 다음에야 만들어지는 이 맛. 그래서 지금껏 마당 한 귀퉁이에서 긴 세월의 혹한을 견디는 장독대. 아내가 끓여준 된장국을 먹을 때마다 전해오던 구수함이 홀로 마당을 지켜 온 그리움의 맛일까?

알 것 같다. 내 기억의 변두리에서 묵묵히 깊은 맛을 만들어내던 장독대. 세상 변두리에서 있는 듯 없는 듯 살아오신 어머니. 지금 내 안에서 발효되고 있는 그리움의 맛은 모두 같다는 걸.

오늘도 낯선 풍경을 허물고 어둠 속에 초가집 한 채를 지어놓고 돌아섰다. 또 한동안 내 마음의 굴뚝에서 자작자작 연기가 오르고, 그때 저녁을 먹으라고 부르시던 어머니의 목소리가 수십 년 시간을 건너 귓전을 공명처럼 울리겠지.

"애야! 저녁 먹어라."

잠자리 꽁꽁 꼼자리 꽁꽁

고추잠자리

잠자리는 어디서 날아왔을까?

여름 한낮 잠과 잠 사이에 끼어든 짧은 꿈처럼 시간과 시간의 사이를 날아다니다가 눈도 날개도 접지 못하고 앉아 있는…. 얼마나 오랜 시간을 날아 여기까지 왔는지 일렁일렁 바람에 몸을 맡긴 풍향계처럼 시선을 바꾸며 네가 바라보는 곳은 언덕 너머 꽃밭, 나는 자꾸 꼬리 방향으로 눈길이 간다.

손에 들었던 참외 한 조각을 내려놓고 자꾸 낮잠의 갈피를 파고드는 매미소리를 피해 하늘을 쳐다본다. 몇 마리의 잠자리가 하늘을 떠다닌다. 꼬리에 꼬리를 물고 이어지는 그리움의 끝은 어디일까?

옥수수 수염 위에, 봉숭아 꽃잎 위에, 낮은 담장 위에 긴장을 풀고 날개를 늘어뜨린 잠자리를 보면 자꾸 그들이 날아온 그쪽의 시간이 궁금해진다.

제각기 꼬리에 희망 하나씩 달고 하늘로 날아간 잠자리처럼 뿔뿔이 흩어져간 아이들, 내 기억에서 지워진 그들의 시간이 궁금해신다. 지금 지천명의 문턱을 넘어 어디를 날고 있는지.

잠자리 한 마리가 싸리울에 앉을까 말까 망설이다 날아간다. 낚시터 김 시인이 만든 평상에 누웠다. 얼마 전 헤어진 지 40년 만에 만난 초등학교 동창회. 서로의 얼굴과 이름을 확인하고는 너무도 많이 변해 있는 모습들에 당황하던 일들이 생각난다.

도저히 상상이 되지 않는 모습들에 한참을 멍하니 쳐다보고만 있던 눈길들에서 왜 문득 고추잠자리가 생각이 나는지. 굳이 이름을 묻지 않아도, 확인하지 않아도 알 수 있는 고추잠자리를 보면서 40년을 넘어 그때 그 모습이 그리운 것일까?

눈을 감고 잠시 생각의 날개를 접었다. 마당에 봉당에 그리고 초가지붕에도 빠알간 고추잠자리가 날아다닌다. 날아온 곳도 날아간 곳도 궁금하지 않던 시절 빠알간 꼬리에 희망을 묶어 날려 보낸 고추잠자리는 지천명 시간을 날아와 어디쯤 날개를 접었는지? 내 작은 희망을 달고 하늘로 올라간 수없이 많은 고추잠자리는 다 어디로 갔는지?

보이지 않는다. 시간이 더 지나면 몇 마리 고추잠자리를 볼 수 있을는지. 아쉬움을 접고 또 며칠 기다려야겠다. 그때는 저 잠자리가 바라보는 앞, 그 반대쪽으로 좀 더 다가가 보아야겠다.

그곳에는 그때 그 꼬리표를 붙인 잠자리 몇 마리 날고 있겠지? 꼬리표마다 아련한 희망의 흔적들 아직 남아 있겠지? 생각의 발길이 자꾸 과거 쪽으로 향한다.

한 번도 뒤로 날지 못하는 잠자리, 그의 어제가 궁금하다.

텀블링도 곤봉체조도 없는

가을운동회

아침저녁으로 제법 쌀쌀하다. 차창 밖으로 보이는 들녘이 점점 노란색을 더해간다.

집 앞에 차를 세워두고 학교를 오가던 길을 걸었다. "내가 대통령이 되기 전에는 이 길이 포장되지 않을 거야."라고 아이들과 농담을 하며 걷던 길.

지으니골과 해곡 그리고 지도돌방구를 지나면 거기 내가 다니던 초등학교가 있다. 말로만 불렀지 한 번도 써보지 않은, 맞춤법조차 알 수 없는 사라진 지명들이 하나 둘 내 기억의 시간을 되돌리고 있다.

등굣길에 종종 자기보다 두어 배는 큰 소똥을 이리저리 굴리던 말똥구리 생각에 괜히 웃음이 난다. 잠깐 걸었을 뿐인데 벌써 학교가 보인다.

가을 운동회가 열리고 있는지 파란 하늘에 팔랑이는 만국기가 보인다. 내 유년의 운동회를 생각하며 발길을 재촉했다. 아이들은 운동장에서 달리기를 하고 있다. 가을걷이로 바쁘기 때문인지 동네 어른들은 보이지 않는다. 전교생 50명의 시골학교 운동회.

그때 운동회는 온 마을의 잔치였다. 우리는 부모님들께 그동안의 실력을 보여드리려고 한 달 넘게 연습을 했다. 남자아이와 여자아이들이 같이 어울려 곤봉 체조를 하고, 그리고 남자아이들은 텀블링, 여자아이들은 무용을 했다.

맑게 개어있는 조회대 앞에 전교생이 모여 교장 선생님의 말씀을 듣다보면, 떠돌이 장난감 아저씨가 운동장 가장자리에 자리를 잡고 있다. 마을 어른들이 하나 둘 모여들기 시작하고 순식간에 커다란 운동장은 발 디딜 틈이 없어진다.

곤봉체조와 텀블링, 그리고 학년별 달리기가 끝나면 점심시간이다. 일년 중 소풍과 운동회 날만 특별히 먹을 수 있는 김밥으로 배를 채우고,

아청골

오후에는 청백 계주, 기마전, 오자미 터뜨리기, 공굴리기 순서가 준비되어 있었다.

달리기에서 1, 2, 3등까지는 공책 한 권씩을 상품으로 받았다. 늘 달리기에 자신이 있었던 터라 서너 권은 늘 내 차지였다.

텀블링도 곤봉체조도 없었다. 혹시 눈깔사탕을 하나 사 입에 넣을 수 있을까 하고 여기저기 기웃거리다가 돌아섰다. 이때쯤이면 공굴리기를 하고 있을 시간인데….

웃음이 난다. 제 길을 벗어나 자꾸 옆으로 굴러가는 공을 낑낑거리며 따라가던 유난히 키가 작았던 길수.

말똥구리가 우스꽝스런 모습으로 굴리던, 제 몸보다 몇 배나 큰 그 공은 지금 어디쯤 굴러가고 있을까?

할아버지, 메뚜기 잡으러 왔어요

벼메뚜기

꿈이 자꾸 흐트러진다. 근거 모를 꿈들이 잠 속으로 수없이 왔다가 사라진다. 꿈에서 깨어나면 몇 번이고 꿈을 되짚어 보지만 알 수 없다. 계절 탓인가? 마음이 자꾸 산만해지는 건.

아침 일찍 카메라를 메고 집을 나섰다. 늘 해왔던 것처럼 무작정 차를 몰고 도심을 빠져나갔다. 차창을 열었다. 어젯밤 잠보다 더 달콤한 바람이 폐부 깊숙이 들어온다. 차창 밖으로 지나가는 풍경이 온통 노랗다.

지금은 다 팔고 고향을 떠났지만 할아버지가 농사를 지으시던 다랑이 논이 있는 고향으로 달려갔다. 벌써 노랗게 익은 벼 이삭들이 할아버지 허리만큼이나 휘어 있다. 할아버지가 허리를 펼 때마다 놀라 투두둑 튀어 도망가던 메뚜기들. 그 소리가 메뚜기가 내는 소린 줄로만 알았던 그 시절이 눈앞에 펼쳐져 있다.

"할아버지, 메뚜기 잡으러 왔어요."

"오냐. 많이 잡거라."

살금살금 발을 옮길 때마다 긴 뒷다리로 볏잎을 펄쩍 뛰어 도망가는 메뚜기를 이리저리 쫓아다니다 보면 어느새 허리춤에는 강아지풀 꿰미가 서너 개로 늘어났다. 논둑마다 메뚜기가 지천이었다. 놀이 삼아 잡아도 잠깐이면 4홉 소주병이나 한 되들이 막걸리 주전자에 가득 채울 수 있었다.

"얘야, 그만 집에 가자!"

일손을 멈추고 나서도 좀처럼 똑바로 펴지지 않던 할아버지의 등. 종종걸음으로 할아버지 손을 잡고 집으로 돌아오던 날, 휜 등으로 쓸쓸하게 내려앉아 점점 깊어가던 어둠. 몇십 년 전의 그 어둠을 지켜보고 있다.

메뚜기는 다 어디로 갔을까? 금방이라도 할아버지의 목소리에 놀란 메뚜기들이 어둠 속으로 몸을 감추는 소리 들릴 것 같은데….

끝내 할아버지 목소리는 들리지 않았다. 일어나 엉덩이를 털고 논둑길을 돌아 나온다. 강아지풀 하나를 뜯어 입에 물었다. 빈손으로 파고드는 어둠이 자꾸 추억에서 나의 등을 떠민다.

어둠과 추억은 왜 모두 슬픔에 기대어 있을까?

아버지의 나이테

느티나무

난 어둠이 좋다. 어둠은 때때로 두려움의 동굴 앞에 나를 서 있게 하지만 그래도 어둠의 품은 편안하다. 그것은 결코 어둠이 모든 빛의 근원이라는 이유여서만은 아니다. 어둠을 좋아했던 그때 내가 두 팔을 벌려 둘레를 재도 모자라던 동네 어귀 느티나무 그루터기에 앉아본다.

동그란 나이테에 갇혀 있던 기억들이 소용돌이치며 실핏줄을 따라 올라온다. 후끈 온몸이 달아오른다. 엷은 어둠이 발등에 내려앉고 먼 기차소리가 높은 등고선을 넘는다. 유년이 꼿꼿이 재생된다.

저녁이 되면 나는 종종 내가 앉아 있는 이 느티나무에 기대어 서서 어둠을 기다리곤 했다. 꼭 어둠 때문만은 아니지만 그래도 어둠을 기다리는 것은 하루 중 가장 소중한 일이었다.

살어둠 사이로 저녁연기가 오르고 연기 끝에는 늘 나를 찾는 어머니의 정 어린 목소리가 들려왔다. 땅거미 내린 길이 짙은 어둠에 지워지면 어머니가 종일 쌓인 피로를 내려놓으시고 하루만큼 굳어진 허리를 펴시는 시간이다.

마을에 전기가 들어오기 전에는 놀 거리가 별로 없었다. 어두워지면 화롯가에 둘러앉아 이야기를 나누거나 고구마를 구워 먹었다.

아랫목 이불 속에는 하얀 쌀밥이 가득 담긴 밥그릇이, 화로 위에서는 된장찌개가 아직 귀가하지 않으신 아버지를 기다리며 끓고 있었다.

아버지는 초등학교 교사이셨다. 그때 내가 다니던 시골 초등학교는 종종걸음으로 40분은 걸어야 하는 거리에 있었다. 아버지는 그 길을 자전거를 타고 출퇴근을 하셨고 유난히 약주를 좋아하시던 아버지는 하루 걸러 자전거를 끌고 오셨다. 그때마다 우리는 아버지 마중을 나갔다 눈을 감고도 걸을 수 있는 익숙한 길이지만 어둠에 싸인 길은 무서웠다.

조금만 더, 조금만 더, 두려움을 누르고 가다 보면 어느새 아버지가 단

골로 이용하시는 학교 앞 대폿집이다. 우리는 약속이라도 한 듯 "목숨보다 더 귀한…." 노랫가락이 들려오는 방향을 향해 아버지를 불렀다.

"아버지…. 아버지…."

아버지는 곧바로 자전거를 챙겨 나오셨다. 늘 머뭇거림이 없었다. 당신의 자식들이 어른이 걸어도 무서울 어둠 속에서 예까지 마중 나온 것이 마음에 걸려서일 게다.

"가자".

아버지의 손은 따스했다. 그때까지 무서웠던 마음이 말끔히 사라졌다. 유난히도 달이 밝았던 그날이 지금도 잊혀지지 않는다.

그날 40분을 걸어 집에 도착할 때까지 아버지는 "차렷!" "경례!"를 반복하셨다. 아버지의 그때 그 목소리가, 내 손에 탈탈거리며 끌려가던 자전거 바퀴 소리가 30년이 훨씬 넘어서도 고스란히 남아 시시각각 촘촘하게 그려진 내 유년의 나이테를 깨우고 있다.

4학년에 올라가면서 학급 반장 선거에서 떨어지고 얼마 안 됐을 때의 일이다. 그때는 그런 아버지의 슬픔을 가늠하지 못하고 그저 아버지의 관심 안에 있다는 것만으로 마냥 행복해 했었다.

지금 생각해보면 그런 나를 지켜보면서 얼마나 가슴 아프셨을까. 목소리가 작다고 반장에서 떨어진 자식을 얼마나 안타깝게 바라보셨을까. 얼마나 실망이 크셨을까. 후회는 아무리 빨리해도 늦다고 했던가.

"차렷!" "경례!" 큰소리로 외쳐보지만 아버지의 자전거는 내 마음 귀퉁이에서 자꾸 헛돌기만 한다.

우리는 아버지가 식사하시는 동안 밥상에 빙 둘러앉았다. 어른이 식사하는 동안 누우면 안 된다는 어머니의 가르침이 있기는 했지만 실상 그 가르침은 뒷전이고 늘 마음은 다른 데 있었다. 하얀 쌀밥에 구수한 된장찌개 그리고 계란찜이 그것이었다.

그때마다 아버지는 절반도 드시지 못하고 수저를 놓았다. 우리는 한꺼번에 달려들어 순식간에 아버지가 남기신 쌀밥과 계란찜을 먹어치웠다.

아버지는 그 광경을 보며 행복하셨을까? 지금 내게 그때 기억이 남아 있는 것은 밥과 반찬이 맛있어서만은 아니다. 당신만 쳐다보는 자식들의 눈을 보고 차마 밥이 넘어가지 않아 당신의 배도 채우지 못하고 숟갈을 놓으셨을 아버지의 힘겨운 살이가 지금에야 절실하게 느껴지기 때문이다.

그때 생각 없이 먹었던 아버지의 허기가 지금 내 속을 채우고 있기 때문이다.

그때부터 난 어둠을 좋아했다. 내 유년의 기억을 더듬어 가면 그 중심에는 어둠이 있다. 내게는 없어서는 안 될, 아프지만 기억해야 할 유년을 어둠은 모두 기억하고 있기 때문이다.

난 아버지의 애창곡(제목은 나중에 알았지만)이 좋다. 늦은 저녁 야근을 끝내고 집에 가는 차 안에서 종종 불러보는 그 노래.

늘 중간에서 가사가 끊기기는 하지만 그때마다 아버지의 그 꼿꼿하시던 모습이 떠올라 슬프지만 행복하다.

문득 살아가는 환경이 나쁜 해에는 나이테와 나이테의 간격이 좁아지고 환경이 좋으면 간격이 넓어진다고 했던 아내의 말이 생각난다.

자리에서 일어난다. 잘려나간 밑동에서 내 유년의 지워진 기억이 돋는다. 그 나이테들을 하나하나 짚어 본다. 아버지의 낡은 자전거 소리가 들린다.

LG

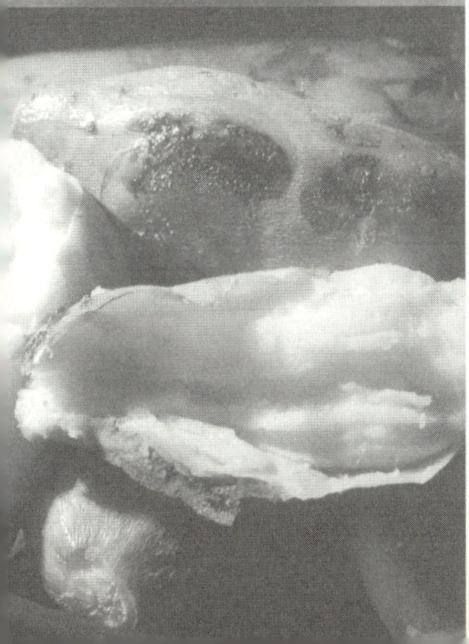

Ⅲ 밤동라 헛기침

다들 어디에 있을까?

참나무 장작 화롯불이 식어가는 줄도 모르고

마냥 재잘거리던 그 아이.

함께 있는 것만으로도 즐거웠던,

유독 손이 작고 미소가 따스했던 그 아이.

화로 위로 작은 손을 내밀어 불을 쬘 때

그때 손이라도 잡아볼 걸 그랬다는 생각에 풋…

웃음이 난다.

토닥, 토닥, 탁, 탁, 탁

다듬이 소리

눈이 내린다. 창가에 서서 우두커니 내리는 눈을 바라보는 여직원의 뒷모습을 보고 있다. 창문 너머 저마다 다른 모습으로 내리는 눈은 그에게 무슨 의미일까? 처진 어깨선에서 가늠할 수 없는 수심이 느껴진다. 그리움인지 외로움인지 알 수 없는 쓸쓸함이 유리창을 타고 내려온다.

무슨 생각을 그리 했을까? 생각은 또 다른 생각을 키워 선불리 그 안에서 벗어나지 못한다. 한 번도 끝에 닿지 못한 그리움의 깊이 때문인지 먼 산들이 점점 시야에서 사라지고 눈보라는 속속 고요의 주위로 모여든다. 고요 속에서 사락사락 눈 내리는 소리를 듣는다.

함박눈이 내리던 밤이었다. 마실을 갔다가 돌아오는 길, 담장 너머로 들려오는 소리에 걸음을 멈추었다. 세상에서 가장 포근하고 아름답고 슬픈 소리…. 마당 한가운데 우두커니 섰다. 어깨 위로 눈이 쌓이고 있는 것도 잊고, 희미한 호롱불이 만들어낸 실루엣 너머 어머니의 모습을 지켜보았다.

토닥, 토닥, 탁, 탁, 탁.

빠르게 느리게 슬프게 때론 아프게, 악보도 없이 만들어 내는 어머니의 소리. 끊긴 듯 끊긴 듯 이어지는 음과 음 사이에 어머니는 눈을 감으시고 긴 한숨을 쉬셨을까? 장독 위에 쌓이는 눈 소리에 고단한 귀 기울이다가 점점 깊어가는 어둠을 걸어 먼, 아주 먼 시간의 여행을 떠나셨을까? 온 길도 갈 길도 모두 지워진 밤, 다시는 들리지 않는 다듬이 소리 위로 몇 시간의 고요가 덧쌓이고 어머니의 실루엣은 눈에 묻혀 사라진 발자국처럼 다시는 기억의 수면 위로 떠오르지 않았다.

다듬이는 내 추억의 가장자리에 있다. 그래서 안타깝다. 눈이 오는 날이면 기억의 용마루를 넘어 다듬이 소리가 환처럼 들린다.

눈과 다듬이 소리가 어우러진 늦은 겨울밤의 풍경이 기억 저편에서 슬픔처럼 번져온다.

어머니는 내 추억의 중심에 있지만, 눈이 내릴 때마다 찾아오는 다듬이 소리처럼 슬프다. 창밖에는 몇 시간째 눈이 내리고 있다. 여직원이 섰던 자리, 눈 쌓인 그 자리가 허허롭다. 눈을 감아도 좀처럼 실루엣이 지워지지 않는다. 돌아서도 다듬이 소리가 사라지지 않는다.

머리에 어깨에 내려앉은 눈을 털고 어머니 곁에 누운 그날처럼, 뒤척일 때마다 다듬이질 해 갓 꿰맨 빳빳한 이불이 내던 소리…. 그 소리가 밤새 머리맡을 맴돌았다.

다섯 살의 퍼즐

유년시절

내 기억들을 모두 끼워 맞추어도 맞출 수 없는 퍼즐 하나가 있다. 군데군데 사라진 기억의 퍼즐. 단양군 대강면 황정산 자락의 작은 마을에 대한 기억이다.

아버지는 그곳 황정초등학교에 근무하셨다. 그 바람에 우리는 학교에서 500미터쯤 떨어진 조그만 학교 사택에서 지냈다. 집 앞에는 넓은 개천이 흐르고 냇가 여기저기에는 널바위가 있었다.

햇볕 따스한 날 거기 한 여자 아이가 서 있던 기억이 있다. 난 그 아이에 대해 아무것도 모른다. 얼굴도, 이름도, 사는 곳도 알지 못한다. 함께 무슨 놀이인가 했을 테지만 기억나는 것은 없다. 다만, 흐릿한 기억이 한 조각의 퍼즐처럼 남아 있을 뿐이다(어쩌다 그곳에 살았던 사람을 만나면 그 아이의 소식을 물어 보곤 하지만 아는 사람이 전혀 없다. 물론 내 설명이 정확하지 못한 이유가 더 클 것이지만…).

퍼즐 조각 하나하나를 기억 속에서 꼼꼼히 끄집어내 보면, 또 다른 기억이 아주 없는 것은 아니다. 이유는 알 수 없지만, 엷은 어둠 속에서 뒷집 지수네(이름은 나중에 알았지만) 앞마당에 서 있는 나를 본다.

정말 무서웠다.

"근식아, 엄마 죽겠다. 뒷집에 가서 어른 좀 불러 오너라."

동생이 태어났는데 집에는 나밖에 없었단다. 그래서 어머니는 집에서 300미터나 떨어진, 더더구나 어두운 시골길로 다섯 살 박이 아들을 심부름 보내셨단다. 반신반의하면서 지푸라기 같은 희망이라도 잡고 싶으셨던 것이었으리라.

지금도 어머니는 가끔 그때 일을 회상하면서 "네가 없었으면 엄마와 네 동생은 죽었을 거다. 네가 엄마를 살렸어"라고 말씀하신다. 그날 어머니가 죽을 수도 있다는 두려움이 어쩌면 어둠보다 더 무겁게 어린 나의 마음을 짓눌렀는지도 모른다.

그 일 이후의 무서움이 지금까지 기억되고 있는 것은 아닐까?

정확한 근거는 없지만 가끔 들려주시는 어머니의 후일담을 바탕으로 내 기억 속의 어둠과 무서움, 거기에 상상력을 더해 다른 한 조각의 퍼즐을 맞춰보기도 한다.

서낭당 느티나무 아래에서 아버지가 사주신 세발자전거를 타고 놀던 일, 그리고 검둥개가 넓은 내를 헤엄쳐 건너던 일, 마당에 불쑥불쑥 돋은 돌부리 몇 개가 전부인 퍼즐. 물론, 내 다섯 살의 공간을 빼곡하게 채운 사연과 사람들이 있었을 테지만, 조각난 기억의 퍼즐 중심에는 언제나 그 아이 혼자 냇가에 오도마니 서 있다.

왜 그 여자아이가 유독 기억 속에 우뚝 남아 있는지? 시나브로 가슴 저미어 오는 이 낯선 그리움은 어디에 뿌리를 두고 있는 건지. 꼬리에 꼬리를 문 기억은 아주 잠깐 슬픔이 되었다가 긴 한숨으로 가슴을 빠져나간다. 그리움은 그리움 그 이상도 이하도 아니다.

얼마 전 기억 속의 시골을 찾은 적이 있다. 두근거리는 가슴을 쓸어내리며 도착한 그곳, 아무리 둘러보아도 내 기억을 내려놓을 만한 흔적이 보이지 않았다. 하천은 매립되어 논이나 밭으로 변해 있고, 나무가 울창하던 산비탈 여기저기엔 축사가 들어서 있었다.

돌아서 오는 내내 단 한 번도 뒤돌아보지 않았다. 저 너머 기억의 길목을 막고 있던 낮은 망각의 고개를 넘어 45년 전 시간으로의 여행이 가능할 거라는 나의 생각은 산산조각난 것이다. 남아 있던 기억조차도 모두 지워지고 말았다. 애써 움켜잡고 있었던 추억의 퍼즐 한 조각을 영원히 잊어버린 것이다.

이제 그 아이는 마지막 추억이다. 나는 밤새워 단 하나밖에 남지 않은 기억으로 이 소중한 퍼즐의 빈칸을 채운다. 채우다가 좀처럼 채워지지 않는 곳에는 아주 작은 풀꽃 하나를 심는다. 그 꽃이 자라 아이가 되고 소녀가 되고 또 엄마가 되고 때론 할머니가 되기도 한다. 그때쯤이면 저 빈칸 어디에서 배회하고 있는 그녀의 뒷모습이 얼핏 스치기도 한다.

아름다움은 현실이다. 하지만, 아름다운 기억은 상상에 가깝다. 상상은 쉽게 깨어지는 사기그릇 같다. 아주 그리운 추억이 있다면 그것은 오래 만나지 못했거나 만날 수 없기 때문이다. 그래서 추억은 확인하는 것이 아니다. 그냥 간직하는 것이다.

그곳은 내가 사는 충주에서 자동차로 한 시간 거리에 있다. 난 하루에도 몇 번이고 그곳에 가고 싶은 유혹에 빠지지만 꾹꾹 눌러 참는다. 내 다섯 살의 퍼즐 중심에 이름도 얼굴도 기억나지 않는 그 애가 지금껏 살 수 있는 이유이다. 맞추어도 늘 허전한 마음 빈칸에 내 아름다운 상상 하나 끼워 넣을 수 있기 때문이다.

한밤을 타오른, 재잘대던 어린 날은?

화롯불

된장찌개 냄새가 구수하다. 카메라를 내려놓고 화로 옆에 앉는다. 오랜 시간 묻어 두었던 불씨 하나가 되살아나 가슴이 따스해진다. 단 한 번도 화로가 내 기억의 중심에 있다는 생각을 해본 적 없었지만 무슨 할 말이 있는지 자꾸 가슴 한 켠을 파고든다.

밖에서 놀다가 들어와 화롯가에 앉아 인두로 화로 속을 헤집어본다. 고구마 두어 개가 노릿노릿 익어가고 있었다. 미리 할아버지가 묻어놓으신 게다. 놀면서 허기진 속을 달래기에는 더없이 좋은 따끈따끈한 군것질 거리를 만들어 준 것도 화로였다.

그러고 보니 화로는 늘 유년과 함께했다. 연을 만들 때도, 팽이를 깎을 때도, 온 가족이 둘러앉아 이야기를 나눌 수 있는 자리를 내어 준 것도, 그리고 또래 아이들이 재잘거리는 소리를 밤새 들어준 것도 화로였다.

다들 어디에 있을까? 참나무 장작 화롯불이 식어가는 줄도 모르고 마냥 재잘거리던 그 아이. 함께 있는 것만으로도 즐거웠던, 유독 손이 작고 미소가 따스했던 그 아이. 화로 위로 작은 손을 내밀어 불을 쬘 때 그때 손이라도 잡아볼 걸 그랬다는 생각에 풋… 웃음이 난다.

어린 시절의 이야기이다. 불씨가 사그라져 식어가는 화로를 중심으로 점점 다가앉으며 이야기는 그칠 줄 몰랐다. 구운 감자며 고구마도 동이 나고 드문드문 어색한 침묵이 이야기 사이에 끼어들 때까지…. 자정을 훨씬 넘겨서야 자리에서 일어났다. 우리는 단 한마디 말도 하지 않았다.

희미하게 지워져 가는 발자국 위에 또 다른 발자국을 찍으며 돌아오던 눈 덮인 길, 싸늘해져 가는 화로를 껴안고 한참을 잠들지 못했던 겨울 밤. **그 짧은 침묵의 불씨가 꺼지지 않고 식어가는 기억의 화로에서 다시 타오르는 이유는 무엇일까?**

"화로를 사용하고 있는 집을 찾았어."

여기저기 부탁해 놓은 지 한 달여 만의 소식이다. 카메라를 챙겨 서둘러 시골로 달려갔다. 화로에서는 된장찌개가 끓고 있었다. 셔터를 누를 때마다 나도 모르게 한 발 한 발 지난 유년의 시간 속으로 들어가고 있었다.

찬바람이 문풍지를 흔드는 소리에도 지독한 웃풍에도 화롯불 하나로 따스했던 시절, 보일러를 최대한 올려놓아도 춥다고 투덜대던 아이들 생각에 슬몃 웃음이 난다. 이제 추억의 모퉁이에 놓여 있는 화로, 그 기억만으로도 겨울이 따스해지는 중년. 작은 그리움 하나가 가슴에서 발화해 핏줄을 타고 돈다.

막 구워낸 잘 익은 고구마가 먹음직스럽다.

어둠에 그려진 동그란 빛무리

망우리

정확한 어원은 알지 못한다. 다만, 추운 겨울 대보름을 전후해 빈 논에 모여 팔이 아프도록 망우리를 돌렸던 기억만이 남아 있을 뿐이다. 중요한 건 어원이나 그 행사의 의미가 아니다. 그때 어둠 위에 그려진 동그란 빛무리, 그 안에 자리 잡았던 얼굴들이 지금도 잊혀지지 않고 남아 있다는 거다.

망우리가 우리의 밤 놀이 중의 하나였을 때는 망우리 만드는 재료 구하기가 여간 어려운 게 아니었다. 통조림을 먹은 후에야 겨우 구할 수 있는 깡통. 그걸 구하기 위해 마을 구석구석을 뒤지고 다녔다. 그렇게 구한 깡통에 못으로 빙 둘러가며 구멍을 내고, 철사로 중심을 잡아 양쪽을 연결한 다음 돌리기에 적당한 길이로 줄을 연결하면 망우리가 완성되었다.

어두워지기를 기다렸다가 우리는 마을 앞 논에다 모닥불을 피웠다.

각기 주머니에 넣고 온 감자나 고구마를 그 위에 올려놓고 솔가지에 불을 붙인 다음 서로 적당한 거리를 유지하며 망우리를 돌렸다. 쉬익 쉬익, 뚫어진 구멍 사이로 바람이 들어가면서 깡통은 순식간에 발갛게 달아오르고 타고 남은 불똥이 하늘에 은하수처럼 뿌려졌다. 그때 그 원 안에서 얼굴이 발갛게 익어가던 친구들의 모습이 아직도 내 기억의 언저리를 맴돌고 있다.

놀이는 늘 길수가 말썽이었다. 깡통에 떨어진 고무신 조각을 넣고 돌려 녹은 고무가 날아가 다른 아이의 나일론 점퍼에 구멍을 내기도 하고, 얼굴이나 손에 떨어져 화상을 입히기도 했다.

그것뿐이 아니었다. 한 번은 망우리를 누가 멀리 던지나 시합을 했는

데 있는 힘을 다해 돌리던 길수의 손에서 빠져나간 망우리가 문제였다. 여물로 쓰려고 쌓아둔 윗논 짚가리로 날아가 불이 붙은 것이다. 댕, 댕, 댕, 댕, 급하게 종이 울리고 마을 어른들은 각기 대야며 물동이를 들고 나와 불을 끄기 시작했다.

불은 짚가리를 완전히 태우고서야 꺼졌다. 자칫하면 인근의 집으로 옮겨 붙을 수도 있었지만 천만다행이었다.

그날 이후 우리는 망우리를 돌리지 못했다. 그것이 우리의 마지막 망우리였다. 차를 세우고 망우리 불빛을 넋 놓고 바라본다. 길수, 윤진이, 진홍이…. 돌아서면, 잊은 줄 알았던 기억 몇 개가 자꾸 나를 망우리 불빛이 그려내던 원 안에 가둔다.

노릿노릿 참새구이

새 덮치기

바람이 차다. 급변하는 사회만큼이나 빠르게 변하는 계절이다.

몇 년 전 친구와 서해안의 철 지난 해수욕장에서 밤을 새운 적이 있다. 수많은 피서객이 북적거렸던 흔적만 남아 있는 해변. 반쯤 파손되어 삐걱거리는 샤워실 문 그 위에 내리던 낮보다 밝은 달빛의 쓸쓸함이 문득 생각나는 들판에 혼자 서 있다.

가을걷이가 모두 끝난 들판을 계절의 발자국을 따라 걷는 일은 쓸쓸하다. 뜰을 비워 마음의 곳간을 채우고 나서도 발걸음 옮길 때마다 자꾸 깊어지는 알 수 없는 이 쓸쓸함은 어디에 뿌리를 내리고 있는지…. 덤불 위에서 무당새 한 마리가 까딱까딱 꼬리를 흔든다.

새 덮치기는 썰매와 더불어 빼놓을 수 없는 우리들의 겨울철 놀이였다. 추수가 끝나면 새들은 들판을 떠나 하나 둘 민가로 날아들기 시작한다. 눈이 오면 상황은 끝이다. 맵새, 느릅지기, 박새, 그리고 참새. 종류에 따라 각기 다른 형태의 새 덮치기를 만들었다. 주변을 찾아오는 놈들 중 제일 큰놈이 느릅지기이다. 그래서 우리는 다투어 느릅지기가 자주 오는 장소에 덮치기를 놓았다.

할아버지는 새 덮치기를 잘 만드셨다. 노끈을 꼬아 동그랗게 활을 휘어 촘촘히 망을 엮은 후 더 큰 활을 휘어 새끼줄을 두 겹으로 연결하고 그곳에 미리 만들어 둔 망으로 된 활을 끼우고 큰 활 중간에 짚을 끼운다. 새 덮치기가 완성되어 가는 동안 나는 할아버지의 익숙한 손놀림에서 눈을 떼지 못했다. 헛기침 서너 번이면 뚝딱 덮치기 하나를 만드셨다.

할아버지가 만들어 주신 덮치기에 새들이 좋아하는 조 이삭을 달고 잡풀이나 짚단 등으로 새들이 알아보지 못하도록 위장을 해놓으면 기다림이 시작되었다. 하루, 이틀… 기다림이 무료한 내 겨울의 긴 공간을 메웠다. 나의 겨울에는 할아버지와, 할아버지가 만들어주신 새 덮치기가 있다. 그때 뒤곁에 설치해 놓았던 새 덮치기는 내 기억 속에서 아직 새들을 기다리고 있다.

해가 막 서산을 넘어가고 있다. 논둑 미루나무 꼭대기에 달려 있던 잎들이 우르르 논으로 내려앉는다. 어두워질수록 사랑방 군불에서 막 구워낸 참새구이에 묻어 있는 재를 털어내고는 살이 제일 많이 붙어 있는 다리와 가슴살을 떼어주시던 할아버지의 모습이 또렷해진다. 엉덩이를 털고 일어섰다.

가슴이 시리다. 겨울이 코앞에 있어서일까?

미끌어진 겨울

썰매

모든 게 우연 아니면 운명이다. 일단 생각이 그 굴레로 접어들면 도무지 벗어날 수가 없다. 좀처럼 결론지어지지 않는 쓸데없는 고민은 늘 우연이나 운명으로 치부해 버리지만 그래도 마음 한구석은 답답하다. 무작정 집을 나서는 이유이다.

지인이 머무는 저수지를 찾았다가 우연히 썰매 타는 아이들을 발견했다. 마음 깊은 곳에서부터 알 수 없는 무엇이 꼬물거리며 올라온다. 옷깃을 세우고 주머니 깊숙이 손을 찔러 넣는다. 따스하다. 주머니 속에서 꼬물꼬물 유년의 모습이 만져진다.

형은 손재주가 좋았다. 내가 원하는 것이면 무엇이든지 만들어주었다. 얼음이 얼기도 전부터 형을 졸라 썰매를 만들었다. 적당한 길이로 각목을 자른 후 아래쪽을 둥글게 깎아 얼음과 맞닿는 부분에 굵은 철사를 끼우고 그 위에 널빤지를 얹고 못질을 하면 썰매는 완성되었다. 어린 형에게는 한나절 일거리였다.

누군가 피워놓은 곁불을 쬔다. 먹고 사는 게 바빠 미처 꺼내보지 못했던 기억들이 타닥타닥 소리를 내며 타오른다. 아버지와 얼음낚시를 온 아이의 컵라면에 군침이 넘어간다. 썰매를 타다 지치면 얼음 가장자리에 모닥불을 피우고 호주머니에 넣어온 밤이며 고구마며 감자를 불 위에 올려놓고 빙 둘러앉아 조바심치던 숯검둥이 아이들이 보고 싶다.

불을 쬐다가 얼음 한 조각을 떼어내 얼음 축구를 하기도 하고 서로 밀고 밀어주며 웃고 울던 아이들. 지금 내 어깨에 내려앉은 어둠은 그때 모닥불의 그을음으로 콧등 새까맣던 아이를 기억할까. 모락모락 피어오르는 저녁연기를 보며 각자 집으로 돌아가던 유년의 뒷모습을 기억하고 있을까.

유일하게 그 아이를 만날 수 있는 곳도 그곳이었다. 공연히 썰매를 밀어 넘어뜨리고 물에 빠트리던. 그러면 울먹울먹 울음주머니를 풀어놓던 그 아이, 속마음 한 번도 말하지 못하고 마음을 대신했던 짓궂은 행동이 내 순수한 관심이었음을 몇십 년이 지난 지금에서야 그 아이는 알까?

풋… 웃음이 난다.

호숫가의 외딴 집에서 금방이라도 저녁연기가 피어오를 것 같은 저녁이다. 불씨가 사그라진 마을은 고요하다. 쓸쓸하다. 그리고 외롭다. 스키, 스노보드, 스케이트에 밀려 아이들이 사라진 저수지는 적막하다.

한 컷 사진을 찍으려고 근 일주일을 허둥지둥 돌아다녔다. 잊혀져가는 추억을 찾아다니는 일은 긴 겨울밤을 새워 한 편의 시를 써내는 것보다 더 짜릿하다.

시간이 가도 쉽게 변하지 않는 것들이 있다. 마음에 꼭꼭 담아둔 그리움 같은 것이다. 지천명을 훌쩍 넘어선 형. 형은 그 멋진 썰매를 아직 만들고 있을까?

심지를 돋워도 가물거리던

호롱불

심지를 돋웠다. 뭉클, 기억의 밑바닥에서 떠오르던 그리움 하나가 목젖에 걸린다. 생의 언저리에서 사라져가던 추억들이 깜빡거리는 호롱불 주위로 모여든다.

일 촉도 되지 않는 호롱불 밑에서 어머니는 바느질을 하시고 우리는 방바닥에 엎드려 책을 읽거나 숙제를 했다. 숙제를 끝내고 어머니 무릎을 베고 누우면 어머니는 돌아가면서 육 남매의 귓밥을 파 주셨다. 귓속에서 성냥개비가 바스락거리는 소리, 코끝을 타고 들어오는 어머니의 살 냄새를 맡으며 저도 모르게 스르르 잠이 들곤 했다.

전깃불이 불야성을 이루는 밤, 이제 호롱불 아래서 아무것도 할 수는 없지만 시간의 물살에 밀려 사라져가는 그리움의 심지를 돋워 본다. 잊은 줄 알았던 기억들이 가슴속으로 밀려온다. 멀리 어둠 너머로 훔쳐보던 문에 비친 당신의 실루엣, 어머니의 다듬이 소리가 40년 긴 시간을 거슬러 이명처럼 남아 있다.

"애야! 기름 좀 받아 오너라."

개울 옆 마을 안길을 돌아 됫병 주둥이에 끈을 맨 기름병을 들고 돌아오던 초저녁, 유난히도 밝았던 그 별은 지금 어느 하늘에 홀로 떠 깜빡이고 있을까?

아무리 심지를 돋워도 채워지지 않는 가슴에서 몰래 기억 하나가 가물거린다.

Ⅳ

낮꿈속의 뻐꾸기

지금은 나물 캐는 처녀를 보는 것이

하늘의 별을 따기보다 어렵다.

우리가 즐겨 불렀던 노래 가사 속의 봄 처녀는 그저

추억 속에서나 만나볼 수 있는 옛 풍경이 되어버렸다.

지금 나의 앵글에 담겨 있는 아주머니도

어린 시절이 저장된 기억의 유전자에 남아 있는

점점 흐릿해져 가는 풍경에 덧칠하고 있을 것이다.

빨간 종이 줄까, 파란 종이 줄까 …

할아버지의 헛기침

빨간 종이 줄까, 파란 종이 줄까….

금방이라도 머리 위에서 목소리가 들릴 것 같아 두려움에 떨었다. 밤에는 아예 변소에 갈 엄두도 내지 못했다. 마을 이야기 주머니인 연이 아버지에게서 옛날이야기를 듣고 난 후 변소는 대낮에도 공포의 대상이었다.

어쩌다 밤중에 변소에 갈 때는 꼭 할아버지와 동행했다. 할아버지는 신문지를 잘라 커다랗게 담배를 말아 불을 붙이고는 뒷간 문 앞에 서서 헛기침을 하셨다. 그리고는 빈 말씀을 하시곤 했다.

"흠! 비가 오려나. 날씨가 끄물끄물하네!"

할아버지의 헛기침이 들리면 무서움은 금방 사라져, 나는 가는 콧노래까지 흥얼거렸다. 금방이라도 쏟아질 것 같은 주먹만 한 별들이 하늘 가득히 떠 있었다.

변소, 뒷간, 똥간, 잿간. 이제는 좀처럼 들어볼 수 없는 말들이다. 많은 사연과 그리움을 남기고 사라져가는 것들. 이제 또 몇 년이 지나면 이야기는 모두 사라지고 기억 속에 흔적만 남겠지.

변소는 안채에서 멀리 떨어진 마당 한구석에 있었다. 아주 오래된 옛날에는 변소로 들어가는 문을 거적으로 만들기도 했다. 그래도 단 한 번도 사고가 난 적이 없었다. 헛기침 또는 중얼거림 때문이었다. 딱히 노크를 하지 않아도 '흠' 한 번의 헛기침이면 모든 게 해결이었다. 할아버지에게서 아버지로 그리고 내게서 아이들로 가계의 축이 이동하는 동안에도 별은 늘 그 자리에 떠 있다.

밤마다 하늘로 올라간 할아버지의 헛기침이 지금도 내 주위를 맴돌고 있다.

"옛다!"

어린 손자에게 담배 냄새 풀풀 나는 껌을 꺼내주시던 할아버지. 좌변기에 앉아 지금도 기억 어디엔가 두려움으로 남아 있을 그 옛날이야기를 생각해 본다.

별이 반짝이는 소리에 끌려 밖으로 나갔다. 그때 마당에서 쳐다보던 그 하늘에 할아버지의 헛기침이 가득하다.

"비가 오려나?"

아닌 밤중 홍두깨

국수꼬랭이

무엇을 먹을까. 결국, 칼국수 집으로 발을 떼지만 점심때만 되면 늘 하는 걱정이다. 스파게티, 비빔밥, 된장찌개, 돈가스 등등 다양해진 먹거리의 홍수 속에서 생겨난 또 하나의 고민거리다. 어린 시절부터 먹어온 터라 질릴 법도 한데 한 번도 칼국수에 싫증 난 적이 없다.

그때 저녁식사는 거지반 칼국수였다. 감자나 옥수수를 같이 삶아 먹기도 했다. 칼국수를 만드는 날이면 형과 나는 홍두깨로 반죽을 늘리는 어머니 옆에 웅크리고 앉았다. 마치 보급품을 기다리는 아프리카 아이들의 표정으로…. 톡, 톡, 톡, 칼끝에서 가지런하게 정렬되는 국숫발이 늘고 점점 반죽이 줄어들면 우리의 마음도 조마조마해졌다.

"옜다!"

어머니는 칼을 멈추시고 넉넉하게 남겨둔 밀가루 반죽을 형과 내게 나누어 주셨다. 국수꼬랭이다. 우리는 그것을 받아들고 할아버지가 소죽을 끓이시는 사랑방 부엌으로 쪼르르 달려갔다.

"이리 주거라."

조그만 손에 들려진 국수꼬랭이를 본 할아버지는 이리저리 불을 헤친 다음 아궁이에 국수꼬랭이를 밀어 넣으셨다. 할아버지와 나 그리고 형은 아궁이 앞에 둘러앉아 노릇노릇 익어가는 국수꼬랭이를 바라보고 있었다. 등 뒤로 짙은 어둠이 밀려오고 있었다. 그렇게 유년은 깊어갔다.

어린 시절 별다른 군것질거리가 없던 시절 국수꼬랭이는 맛있는 군것질거리였다. 이제 팔순을 넘어 허리가 휘어진 어머니처럼 그 모습을 바꾸어 온 칼국수가 더이상 한 끼의 식사는 아니지만, 맛있는 군것질거리는 아니지만 내 유년의 유전자는 어머니가 만들어 주시던 된장칼국수의 맛을 기억하고 있는지 별도의 약속이 없는 날이면 으레 칼국수집으로 향한다.

칼국수 집은 내 유년을 볼 수가 있어서 좋다. 그때 홍두깨에 감겨 쑥쑥 늘어나던 밀가루 반죽을 볼 수 있어서 좋다. 꼬랭이를 구워주시던 할아

버지는 없어도 한 올 한 올마다 할아버지의 따스한 미소가 스며 있어서 좋다. 주인집 아주머니의 손에서 반죽이 늘어날 때마다 내 유년의 기억도 넓이를 더한다.

이제 어머니는 국수를 만들 수 없다. 할아버지가 구워주시던 국수꼬랭이를 먹을 수도 없다. 그래도 나는 칼국수가 좋다. 고향집 마루에 앉아 국수를 미는 어머니의 모습과, 그때 국수꼬랭이를 구워 주시던 할아버지의 따스한 미소가 칼국수에 남아 있기 때문이다. 구수한 된장국물에 쫀득쫀득한 면발, 그 위에 풋고추를 썰어 얹은 칼국수. 넘길 때마다 목젖이 아리다.

"이리 주거라."

국수꼬랭이를 구워주시던 할아버지의 목소리가 기억의 공간에서 맴돈다.

손등에 얹은 동심

공기놀이

추억은 그리움에 닿아 있고 그리움은 슬픔에 뿌리를 바고 있다. 내 슬픔의 뿌리가 고향에 닿아 있듯 그리움의 절반은 유년에 기대어 있다.

그래서인지 문득 유년의 기억 쪽으로 핸들이 돌려지곤 하는 것이다. 두 시간을 달려서야 도착할 수 있는 고향, 핸들이 그곳을 향하는 순간 나는 이미 슬픔의 중심에 서 있다.

그 애의 손은 예뻤다. 그 애를 볼 때마다 손가락이 짧고 퉁퉁한 내 손이 부끄러웠다. 공깃돌을 손등에 얹고 요리조리 옮기고는 서슴없이 다섯 알 모두를 받아내던 그 아이. 같은 동네 같은 학년 같은 반이었으면서도 부끄러워 말 한마디 건네지 못했던, 긴 머리에 동그란 눈으로 공깃돌을 뚫어지게 바라보던, 내 슬픔의 언저리에 자리 잡은 그 아이.

공기놀이는 남자 대 여자의 대결이었다. 결과는 늘 남자아이들의 패배로 결정이 났지만 그래도 편은 늘 남자 대 여자로 나뉘었다. 공깃돌은 다섯 개로 한 알 집기, 두 알 집기, 세 알 집기 등 몇 단계를 거쳐 마지막으로 꺾기에서 결정이 났다.

여자아이들은 손가락이 길어 손이 뒤로 휘어져 다섯 개 모두를 손등에 올리고 꺾기를 하는 반면 남자아이들은 손가락이 굵고 손등이 둥글어 공깃돌이 자꾸 손등에서 굴러 떨어졌다. 한 번 두 번 거듭할수록 점점 점수가 벌어지고 결국은 남자아이들의 심술로 대결은 끝이 났다. 개구쟁이 길수가 공깃돌을 가지고 달아나는 것이다.

몇몇 여자 아이들이 뒤쫓아 가보지만 길수를 따라 잡을 수는 없었다. 어둠 속으로 사라지던 길수의 뒷모습이, 속속 어둠 속으로 스미던 아이들의 웃음소리가 별빛처럼 또렷하다.

이른 봄 양지쪽에서 깔깔거리며 공기놀이를 하는 아이들을 보고 있다. 하늘로 올랐다 내려앉는, 또로록 손등을 굴러 떨어지는 공깃돌을 보고 있다. 그때 그 애가 던진 공깃돌은 저 어둠 어디에 멈추어 별이 되었을까? 끝내 말하지 못한 수줍음처럼 내려앉지 못하고 아직 생의 7부 능선을 오르고 있을까?

난 어둠이 좋다. 어둠의 갈피마다 그리움의 꽃이 피기 때문이다. 슬프지만 아름다운, 아름답지만 다가갈 수 없는, 그래서 더 안타까운 그리움이 시시각각 다른 꽃을 피우기 때문이다.

마을 어귀 커다란 느티나무에 어둠이 내린다. 어둠에 기댄 그리움의 무게가 고요보다 무겁다. 가지마다 유년에 던져 올린 공깃돌이 촘촘히 별꽃으로 피어 있다. 흔들면 와르르 쏟아질 것 같은 슬픔이 그렁그렁 달려 있다.

깜장 신 신은 까마귀 발

고무신

어린이날이라고, 오일장에 갔던 어머니가 고무신을 사오셨다. 깜장 고무신.

깜장 고무신은 온 동네를 종일 쏘다니는 개구쟁이였다. 개울에서 맨손으로 잡은 송사리나 피라미를 가두기도 하고, 다른 깜장 고무신들과 눈깔사탕 하나를 걸고 멀리 벗어던지기도 했다. 비가 오는 날이면 책과 도시락이 든 책보를 둘러메고 학교로 가다가 진흙탕에 발이 빠져 벗겨지기도 했다. 그러면 휙, 돌아서서 얼른 주워 탁탁, 턴 뒤에 양손에 나눠 들고 맨발로 뛰었다.

깜장 고무신. 그 속에 담긴 유년은 늘 만수위滿水位로 흘러넘친다. 참 많기도 한 추억을 신고 다녔다.

삶에 바쁜 와중에 문득문득 깜장 고무신이 떠오를 때마다 신발 끝을 내려다본다. 같은 깜장이지만 코끝이 눈부시게 반짝거리는 가죽구두! 어떤 생명이 일생 입고 살았던 그 일부, 그 죽음의 대가를 몇 푼으로 대신하고는 아무런 죄책감 없이 발에 꿰고 다닌다.

여기까지 오는 동안 바뀐 건 세상만이 아니다. 커질 대로 커져서 더 이상 크지 않는 발, 그리고 신발이다.

생각하니, 어머니에게 신발을 사드린 기억이 없다. 문득 어머니의 코고무신이 생각난다. 봉당 댓돌 위에 가지런히 놓여 있는 크고 작은 고무신, 달빛에 외로운 깜장 고무신이 자꾸 나를 유년의 기억 속으로 밀어 넣는다.

봄나물 캐는 봄바람 처녀

냉이

‘봄 처녀 제 오시네/ 새 풀 옷을 입으셨네/ 하얀 구름 너울 쓰고/ 진주 이슬 신으셨네/ 꽃다발 가슴에 안고/ 뉘를 찾아 오시는가’

지난 주말에는 무작정 차를 몰았다. 내가 유일하게 알고 있는 산속 비포장도로를 달렸다. 겨우내 미뤄 둔 집안 대청소를 하자고 조르던 아내의 투덜거림이 돌부리에 튀어오르는 바퀴 마냥 마음속에서 덜컹거린다. 차창을 열었다. 아직 겨울을 완전히 떨쳐버리지 못한 찬바람이 가슴을 파고든다.

충주호를 내려다보며 인적 없는 길을 한참을 달렸다. 양지쪽 산 능선에서는 드문드문 아지랑이가 피어올랐다. 차를 세우자 막 푸른빛을 띠기 시작한 나뭇가지들의 웅성거리는 소리가 들린다. 오랫동안 마음 저 밑바닥에 가라앉아 있던 그리움이 서서히 목젖을 밀고 올라온다.

서너 가구가 옹기종기 모여 사는 산중턱 조그만 마을에 차를 세웠다. 양지쪽 비알밭에서 마을 아주머니가 봄나물을 캐고 있다.

“저어~, 사진 한 장 찍어도 될까요?”

지금은 나물 캐는 처녀를 보는 것이 하늘의 별을 따기보다 어렵다. 우리가 즐겨 불렀던 노래 가사 속의 봄 처녀는 그저 추억 속에서나 만나볼 수 있는 옛 풍경이 되어버렸다. 지금 나의 앵글에 담겨 있는 아주머니도 어린 시절이 저장된 기억의 유전자에 남아 있는 점점 흐릿해져 가는 풍경에 덧칠을 하고 있을 것이다.

알 수 없다. 왜 그렇게 기다렸는지. 오후 마루에 앉아 바라보던 담장 용마루에서 피어오르는 아지랑이, 그 속으로 가뭇가뭇 사라지던 여자아이들의 재잘거림, 늦은 저녁 갓 캐어온 달래를 넣고 끓인 된장찌개가 올려진 마당에 깐 멍석 위에 둘러앉은 가족의 모습, 그 풍경들….

기억을 더듬어 냉이 몇 뿌리를 캤다.

이른 봄의 살갗을 뚫고 고개를 내민 여린 냉이들은 몇십 년 전 아이들의 재잘거림을 기억하고 있을까? 그래서 해마다 양지쪽에 돋아나 오지 않는 아이들의 작은 손길을 아직 기다리는 걸까?

아내는 막 캐어 온 냉이를 다듬으며, 옛날 그 풋풋한 봄바람의 기억에 아주 잠깐 일기장의 저 앞 페이지를 서성거리기라도 할까?

소망을 실어 하늘 저편으로

연날리기

겨울이면 브라운관에서 심심찮게 볼 수 있는 연들은 대부분이 화려하고 커다란 연이다. 하지만 예술품에 가까운 그런 연들에는 별 관심이 끌리지 않는다. 내 유년의 순박함이 담긴 작은 연이 지금도 내 마음 속 하늘을 날고 있기 때문이다.

화로에서 밀가루 풀이 끓고 있다. 지난 가을 문을 바르고 남은 문종이를 적당한 크기의 직사각형이 되도록 자른다. 직사각형의 중심에 동그랗게 구멍을 낸 후 곧고 가느다란 수수 윗대를 반으로 쪼개어 동그란 원을 축으로 수직 수평, 그리고 대각선으로 붙이고 각 모서리에 실을 매어 네 가닥의 실을 적당한 길이로 자른 후 한 데 모아 중심을 잡아 묶는다.

연은 탄탄하고 가볍게 하는 것도 중요하지만 중심을 잘 잡는 것이 무엇보다 중요하다. 한쪽이 길거나 짧으면 연이 위로 올라가지 않고 한쪽으로 빙글빙글 돌기만 하고, 또 위쪽 두 개의 줄이 짧거나 길어도 연이 올라가지 못하고 땅으로 곤두박질하고 만다.

연날리기는 긴장의 연속이다. 연실이 전해오는 팽팽한 긴장감에 가슴이 두근거린다. 연이 허공으로 솟아올라 줄이 팽팽해지면 줄을 풀어야 한다. 유난히 바람이 많이 부는 날은 계속 줄을 풀어도 연실은 잠시 느슨해졌다가는 이내 다시 팽팽해진다.

살아온 삶이 그랬다. 어디로 가는 줄도 모르고 타박타박 걸어온 지천명, 연실처럼 팽팽한 삶의 끈에 묶여 때론 느슨해진 끈을 잡고 힘겹게 나는 지금 어디를 날고 있을까? 그때 뒷산에 올라 함께 연을 날리던 아이들은 지금쯤 세상 어디에서 날고 있을까? 더는 풀어줄 연실이 없는 얼레를 잡고 까마득한 하늘에서 금방이라도 떨어질 것처럼 빙글빙글 도는 연을 바라보던 기억…. 연실을 풀 수도 감을 수도 없는 나는 내 삶에 무엇을 할 수 있는지.

거센 바람에 연실이 끊겨 하늘 높이 날아가 버리는 연을 보면서, 팽팽한 긴장이 사라진 얼레를 감으면서 느끼던 공허. 삶의 7부 능선쯤에서 돌아보는 걸어온 나의 길이 그랬을까?

이제 그동안 풀어준 연실을 감아야 할 생의 7부 능선. 매일 매일 맞는 아침이 오늘따라 낯설다.

삶, 그 팽팽하게 당겨진 고무줄

고무줄 놀이

원숭이 똥구멍은 빨개, 빨간 건 사과, 사과는 맛있어….

노래에 맞추어 예쁜 종아리가 고무줄을 뛰어넘는다. 팽팽한 고무줄에 튕겨져 하늘 높이 오르기도 한다. 무릎, 허리, 목… 고무줄의 높이가 높아질 때마다 한 명 한 명씩 아이들은 떠나고 고무줄만 어둠을 지키고 있다.

다시 아이들의 모습을 볼 수 있을까? 쓰~윽 마음의 고무줄을 당겨본다.

고무줄 몇 개를 사서 동네 아이들에게 주었다. 나름대로 재미있게 놀기는 하지만 그때 아이들의 흥은 찾아볼 수가 없다. 고무줄을 하면서 부르던 노래도 동작도 아이들은 모른다. 느슨하게 당겨진 고무줄을 다리에 걸고 마냥 넘기만 하는 아이들….

순화, 금옥이, 길수… 그 애들은 다 무얼 하고 있을까? 높고 차가운 시멘트 담장 아래서 퇴화된 날개를 퍼덕이며 하늘을 나는 꿈을 꾸다가 느슨해진 생의 한쪽 끝을 잡고 잘 기억나지 않는 노래를 부르며 조각난 기억의 퍼즐을 맞추고 있는 건 아닌지?

아직 고향 골짜기를 지키고 서 있는 느티나무 밑동에 몸을 기댄다. 그 때 어둠 속으로 사라진 노래가 나이테 저 안쪽에서 만져진다.

맛있는 건 바나나, 바나나는 길어….

토담길 발자국 소리 보이는

토담길

담장이 내 키보다 훨씬 높았을 때가 있었다. 그때 담장은 친구인 동시에 놀이터였다. 밭일을 가신 어머니를 기다리다 담장에 기대어 잠이 들기도 했다. 언뜻 잠에서 깨면 빙그레 웃으며 앞에 서 계시던 어머니가 기억난다.

학년이 올라갈 때마다 할머니의 키처럼 낮아지던 담장. 그 밑을 오가며 손을 들어 담장의 키를 재고 또 재던 시절. 어깨가 담장 높이와 나란해졌을 때, 우리는 제각기 마을을 떠났다. 까치발을 하지 않고서도 담 너머 마당이 보일 때쯤 마음의 담은 점점 높아져 다시는 유년의 안쪽은 보이지 않았다.

그렇게 마음에 담을 쌓고 살아온 지천명. 문득 기억의 담장 너머가 그리워진다. 까치발을 하고 몰래 지켜보던 마당, 그 안쪽이 궁금해진다.

늘 비밀 아닌 비밀 같던 아이. 봉당에 앉아 해바라기처럼 목을 내밀고 누군가를 기다리다가 눈이 마주치면 재빨리 부엌으로 몸을 감추던, 한 번도 말을 건네 본 적은 없지만 그냥 보는 것만으로도 가슴 두근거리던….

아주 오래전의 이야기다. 이제는 사라져 좀처럼 찾아볼 수 없는 그리움의 한 조각이 되어버린, 묵묵히 어깨를 내어주던 토담은 유년 어디쯤에 홀로 머물러 있을까? 나는 그곳에서 얼마나 많이 떠나와 있는 걸까?

이제는 넘겨다 볼 수 없는, 채송화 한 송이 피지 않는 시멘트 담장 아래 지천명의 피곤을 내려놓고 잊었던 기억 너머의 기억을 꺼내 본다.

타박타박, 홀로 어둠 속으로 걸어가는 토담의 뒷모습이 쓸쓸하다.

가마솥에는 어머니 냄새가…

부엌

"엄마!"

마당을 들어서면서 책보를 벗어 마루에 던지고 곧바로 부엌 쪽으로 달려간다. 아무도 없다. 고요하다 못해 무섭기까지 한 여름 오후의 적요가 마당 가득하다.

부엌 높은 문턱을 익숙하게 넘어 가마솥을 열었다. 아직 온기가 남아 있는 보리밥 한 사발을 커다란 바가지에 쏟고 찬장에서 먹다 남은 몇 가지 반찬과 고추장을 찾아 밥을 비볐다.

과외도 컴퓨터도 게임기도 없던 시절 이야기다. 야트막한 부뚜막에는 무쇠 가마솥과 작은 양은솥 두 개가 걸려 있었다.

'근식아, 밥은 가마솥에 있고 반찬은 찬장에 넣어 두었다. 그리고 부뚜막에 된장 끓여 놓았으니 먹고 놀아라.'

말씀을 안 하셔도 안다. 오랜 시간 마주해 온 어머니와의 무언의 약속 같은 것이다. 아궁이에는 늘 잔불이 있어서 솥은 따뜻했고, 어머니는 커다란 양푼에 밥을 퍼 넣어 두셨다.

덕분에 우리는 솥뚜껑만 열면 언제든 따스한 밥을 먹을 수 있었다. 그때 형이랑 부뚜막에 걸터앉아 먹던 비빔밥을 생각하면 지금도 입안에 침이 고인다. 내 가난의 유년, 그 그리움의 중심에 있는 부엌.

어머니는 그곳에 많은 이야기를 숨겨놓으셨다. 아궁이, 부지깽이, 부뚜막 구석구석 어머니의 사연이 없는 곳이 없다. 어머니의 꿈이 수없이 타오르기도 했고 꺼지기도 했던 곳, 아궁이 앞에 나란히 앉아 넣어둔 고구마가 익기를 기다리던 조바심의 시간, 군불을 때시는 유난히도 넓어 보이던 아버지의 어깨를 넋 놓고 지켜보던 아득한 그리움.

오랜 시간이 지나서야 그리움이 슬프다는 걸 알았다. 그래서 그리움에서는 늘 어머니 냄새가 난다.

거기 두고 온 유년

마당

그녀는 무슨 생각을 하고 있을까?

어둠보다 더 지독한 라일락 향기가 반짝인다. 얼마를 저렇게 앉아 있어야 혹독한 그리움의 굴레를 벗을 수 있을까?

늘 혼자였던 나는 봉당에 앉아 어둠 속으로 사라지는 마당을 바라보곤 했다. 별도로 만들어진 놀이터가 없던 시절, 마당은 나의 놀이터였다. 땅따먹기, 자치기, 비석치기, 제기차기, 공기놀이…. 아무것도 없는 공간이지만 마음만 먹으면 몇 시간이라도 놀거리를 제공해주던 마당. 겹겹 어둠이 내리면 툭툭 엉덩이를 털고 일어났다.

아내가 바라보는 곳도 텅 빈 마음속 마당일까? 땅따먹기를 하면서 이리저리 그어놓은 금 그리고 두고 온 공깃돌이 어둠에 사라지듯, 희미해져 가는 기억의 마당을 비질하고 있을까?

곳곳마다 놀이터가 생겨나고 딱히 놀이터가 아니더라도 컴퓨터 오락이나 과외 등으로 그 의미를 찾기가 힘든 지금 마당은 정원이라는 이름으로 남아 있다. 값비싼 나무들과 이름도 알 수 없는 화려한 꽃들로 잘

가꾸어진 정원. 땅따먹기도 공기놀이도 할 수 없는, 어둠이 내려앉아 사라져가는 마당을 지켜볼 봉당도 없는. 아주 먼 훗날 내 아이들이 지천명이 되었을 때 가슴에 주먹만 한 마당 하나나 남아 있을까?

그녀가 떠난 자리가 어둠으로 채워지고 그네 혼자 흔들린다. 아파트 놀이터에서 바라보는 주먹만 한 하늘에 촘촘히 별들이 떠 있다.

덧말 또는 군말

'기억'과 '추억'

최 준 (시인)

문근식 시인이 월간《삶과꿈》의 '속삭임'이라는 코너에 3년 동안 연재했던 글들을 한 데 모아 책으로 펴냈다. 시인의 글은 우리를 이삼십 년 저쪽의 아득한 시간으로 돌려세운다. 그 길섶에는 우리의 유년—가난했지만 아름다운 '기억'으로 남아 있는 '추억'이 있다.

아무도 자신이 태어나던 순간을 '기억'하지 못하지만 태어나서 세상을 살아온 우리가 '기억'하고 있는 건 태어난 이후로부터 지금까지 이어져 온 삶의 어느 부분들이다. 일회적인 삶은 연속적이지만 기억은 그렇지가 않다. 기억은 '시간'이라는 이름의 그물망을 빠져나가지 않은(못한) 채 남아 있는 삶의 잔여殘餘이다. 이 잔여들은 저마다의 삶이 지나온 여정을 체에 걸러 알맹이들만 대소쿠리에 소롯이 담아낸 것과 같아서 저마다 다른 무게와 사연을 갖고 있다. 행복과 불행, 슬픔과 기쁨, 잊고 싶지만 잊히지 않음….

그리고, 시간은 의도하지 않더라도 우리의 '기억'을 덧칠하고 매만져서 결국은 '그리움'이라는 하나의 마음속 풍경으로 자리 잡게 한다. 우리가 '추억'이라 부르는 실체가 그러하리라. '추억'은 당시에는 '얼룩'이었을지 몰라도 결국은 '무늬'로 남아 있는 지난 삶의 흔적들이다. 그렇다! '얼룩'이 '무늬'가 된 것—이것이 바로 '추억'이다.

지천명을 지난 한 시인이 이 '추억'의 오솔길로 걸어 들어갔다. 시인이 걸어 들어간 '추억'의 오솔길은, 그러나 육신이 다시 갈 수는 없는 마음만의 길이다. 오로지 마음 하나로만 되돌아갈 수 있는, 마음속으로만 열려 있는 길이다. 그러므로 이 길은 언제나 '되돌아갈 수 없음'과 그러함에도 불구하고 '되돌아가고 싶음'의 경계에 위치한다. 현실과 마음의 그 거리만큼이나 멀어져 있는 길이다.

'추억'이 소중한 이유는 마음의 풍경이 시절과 세대와 시대에 따라 바뀐다는 사실이다. 시인은 우리 시대에 사라져 간 '추억' 을 이야기한다. 현재진행형이 아니라 이 시대가 지나면 영원한 과거로 남아 있을 이야기들, 이 시대가 지나면 잊히고 말 우리 삶의 풍경들에 대해 '추억' 한다. 시인이 그려내는 '추억' 의 '무늬' 는 더 애잔하고 그립다.

시골에서 태어난 시인은 몇십 년 저쪽 고향 마을의 가설극장이 섰던 공터를 서성이고, 등하교 길에 풀피리 불며 오고 가던 푸른 보리밭 길을 걸어간다. 이제는 시인이 '추억' 하는 '추억' 의 주인공들마저도 '추억' 이 되어버린 그 길을 다시 걸어가는 시인의 그리움을 더불어 '추억' 할 수 있는 이들은 이미 어머니가 된 소녀이며 아버지가 된 소년들이다. 모두가 다 적어도 불혹을 이미 지난 이들이다.

시인처럼 해마다 보릿고개를 넘고 넘으며 자라난 이들이 대부분 외롭고 쓸쓸하고 메마른 도시의 삶을 살아가고 있는데, 그 자신도 도시의 삶을 살아가고 있는 시인은 이들과 더불어 '추억' 의 길을 걸어가는 대신에 카메라 하나 달랑 메고 옛 고향의 '추억' 의 길을 홀로 찾아간다. 시인은 말하려 하는 게 아니라 '추억' 의 길을 다만 다시 걷고 싶어 한다. 그런 시인의 뒷등은 늘 외롭고, 발걸음은 쓸쓸한 그림자를 뒤에 남긴다. 시인의 불가능한 '추억' 으로의 회귀는, 그래서 언제나 조금 슬프고, 허전하다.

다음 세대는 가지고 있지 못한 '추억' 들. 따라서 우리 세대가 지나면 영원한 과거가 되어버릴 '추억' 들. 하지만 '추억' 은 외로우면서도 외롭지 않고, 아프면서도 아프지 않다. 이건 분명 '얼룩' 이 아니라 '무늬' 이므로. 그리고, 무엇보다도, 지난 시절 한 때 우리는 모두가 다 아이였으므로.

길에서 그리운 이름을 부르다

초판 | 1쇄 발행 2010년 10월 15일
지은이 | 문근식 · 펴낸이 | 김소양
기획 편집 | 최 준 · 마케팅 | 김철범
디자인 | 이현미, 송미령, 양윤석, 윤나리

임프린트 | 도서출판 우리글
주소 | 서울 서초구 양재2동 299-5 남양빌딩 6층
마케팅 | 02-566-3410 · 편집실 | 02-575-7907 · 팩스 | 02-566-1164
홈페이지 | www.dameet.com
블로그 | blog.naver.com/dameet · 트위터 | @wribook
이메일 | wrigle@hanmail.net

발행 | ㈜우리글 · 출판 등록 | 1998년 6월 3일

Printed in Seoul, Korea
ISBN 978-89-6426-017-3 03600

이 도서의 국립중앙도서관 출판시도서목록(CIP)은
e-CIP 홈페이지(http://www.nl.go.kr/ecip)에서 이용하실 수 있습니다.
(CIP제어번호: CIP2010003648)

* 잘못된 책은 바꾸어 드립니다.
* 책값은 뒤표지에 있습니다.